小学校前の3年間に
できること、してあげたいこと

祖川幼児教育センター 園長
祖川泰治

徳島発・1万2000人を教えた
幼児教育のカリスマがすべて回答！

すばる舎

はじめに

私が徳島県にある祖川幼児教育センターで園長を務めるようになって、30年がたちます。その間のべ約1万2000人の子どもたちの成長を見てきました。

祖川幼児教育センターでは、保護者の方々のご希望もあり、小学校受験を見据えた幼児教育を行っています。この本では、私が幼児教室で行っているノウハウを、ご家庭でも実践できるように工夫して紹介しています。

そう聞くと、「うちは受験しないから、幼児教育は関係ないわ」と思う親御さんがいるかもしれません。

しかし、幼児教育＝早期教育ではないのです。小学校での勉強を前倒しで行うわけではなく、小学校以降に必要な力の「土台」をつくるものです。

また、小学校受験も、子どもの特別な能力を問うものではありません。記憶力や想像力、思考力、論理力、一般常識といった、その子の「総合力」とでも呼ぶべき力を試す問題ばかりです。

たとえば、「このなかで仲間はずれはどれでしょう」という問題。季節行事の絵がいくつか書いてあり、そのなかに夏の行事がひとつだけあったりします。

それは季節を理解し、それぞれに様々な行事があることを知っているかどうか、つまり常識的な知識を持っているかを試す問題なのです。

あるいは、「上から見たらどれでしょう」という問題。たとえば、やかんを上から見たとき、正しい絵になるのはどれかを答えます。

これなどは、普段どれだけブロックなどの立体をつくる遊びをし、空間認識力を養っているかを問うているのです。

いずれも、小学校受験をする・しないにかかわらず、大切な力だと思います。私の教室でも、そのつもりでレッスンを行っています。

それをご家庭用にアレンジし、さらにご家庭だからこそできることを新たにご提案させていただいています。


幼児教育というと、専門家に任せるのが一番と思われるでしょう。たしかにノウハウのあるプロに任せるのも悪くはありません。

しかし、子どもたちにはそれぞれに個性があります。その個性を十分に知っている親御さんだからこそ、プロにはできない、お子さんひとりのための、きめ細やかな教育ができるのです。


この本には、難しいことは書いていません。どの親御さんにもすぐに実践してもらえて、かつ小学校で役立つ力を育てる工夫がいっぱい詰まっています。

ぜひ毎日の生活に取り入れて、お子さんの力を存分に伸ばしてあげてください。

第1章

小学校前の今だからこそできること

第2章

「国語力の土台」をつくる

第3章

「算数力の土台」をつくる

第4章

「身体の基礎」をつくる

第5章

「好奇心の芽」を育てる

第6章 入学前に身につけたい「良い」習慣

こんにちは
こんにちは

ブックデザイン／萩原弦一郎＋藤塚尚子（デジカル）
イラスト／佐藤香苗
編集協力／岡 未来

第1章

小学校前の今だからこそできること

#「小学校前の3年間」は飛躍的に伸びる大チャンス期！

焦る必要はまったくありません

本書のタイトルにある「小学校前の3年間」とは、幼稚園や保育園で言うところの年少・年中・年長のこと。年齢では3～6歳になります。

お子さんがこの年頃になると、「幼児教育」が気になり始める親御さんも多いことでしょう。

「どんな習い事をさせたらいいですか？」

「どんな知育教材がいいでしょう？」

「小学校入学までにしておくべきことは？」

私もお母さん方から、そんな質問をたびたび受けます。

周りでも、「ピアノを始めた」「スイミングに通っている」「英語を習っている」「通信教育をとっている」といった話を耳にするようになります。

年長ともなれば、多くの子が何らかの習い事をしており、なかには複数の習い事をかけ持ちしている子も出てくるでしょう。

そんななか、習い事をさせていない、特別な知育をしていない親御さんは、「出遅れている？」と焦ってしまうかもしれませんね。

けれども、焦る必要はまったくありません。

幼児期の子どもは「何をやっても身になる」ものです。

心身の発達はめざましく、あらゆることをどんどん吸収していきます。脳の神経回路のつなぎ目であるシナプスは、6歳頃までに8割近くつくられると言いますが、子どもたちを間近に見ていると、それもうなずけます。

毎日普通に生活し、園に通い、遊んでいるだけでも、たくさんのことを学び、身につけているのです。

何をしてもぐんぐん吸収する

幼児教育について、焦ることは全然ありません。

ただ、小学校前の3年間が〝大きなチャンス〟であるのは確かです。普通にしていても、たくさんのことを吸収するのですから、もしそこにプラスアルファがあったら、どれほど大きく伸びていくでしょうか。

この時期の子どもの集中力、記憶力は並大抵ではありません。電車の名前やゲームのキャラクターをすべて覚えている、という子もいます。

もちろん、やらせすぎは禁物ですが、**日々の生活や遊びの中に知育の要素を加えたら、砂地に水がしみ込むように吸収する**でしょう。これまでの何倍も幅を広げ、成長していきます。


また、園児に該当するこの年代は、それ以前と比べて格段に理解力が上がる頃でもあります。言葉でさとすことが可能になります。

私の教室でも、年少クラスはまとまった時間、いすに落ち着いて座り、課題をこなせる子が増えてきます。**年中ともなれば、聞き分けもぐっとよくなります**。とくに男の子は、5歳くらいになると格段に落ち着いてきます。

できることも増えてきます。年長となったら、小学生とほとんど変わらないくらいです。


さらに、小学校前のこの時期がチャンスというのは、小学校と比べて自由になる時間がたっぷりあるから。**親が密着して関われる時期**でもあります。

小学校に上がると、学校生活が忙しくなり、少しずつ一緒に過ごす時間も減っていきます。友達との関係が密になるにつれ、親より友達という感じにもなってきます。

あらゆる意味で、すばらしい可能性を秘めた期間なのです。

小学校前のこの3年間を、さらに実りのあるものにする。それは子どもにとって、将来的に大きな財産になるのは間違いありません。

「頭」と「身体」の土台をつくってあげたい

小学校の準備。ただし「先取り」ではなく

では、心身ともに飛躍的に成長するこの時期、いったいどんなことをさせてあげればいいのでしょうか。

それには、「頭」と「身体」の面に大きく分けられます。

「頭」はいわゆる知力です。「身体」は手先の器用さや体力、運動能力のことです。

祖川幼児教育センターの教室では、知力について「ことば・文字」「数」「図形・立体」を大きな柱として、カリキュラムを組んでいます。

「ことば・文字」とは、言い換えれば「国語」、「数」「図形・立体」とは「算数」の

ことです。

国語と算数が学力の要なのは、みなさんご存知のとおりです。小学校に上がって本格的な勉強が始まる前に、国語と算数の準備をしておこうということです。

ただし、小学校の先取りという意味ではありません。この時期にするのは、紙の上でするトレーニングとは別のものです。

「国語力」と「算数力」の素地

最近は就学前にひらがなが書けるようになっている必要があると言われます。けれども、五十音のひらがながすべて書けなくても、それほど問題にはなりません。小学校で一からちゃんと教えてもらえます。

それよりも、本をたくさん読み聞かせたり、語彙《ごい》を増やしておくことの方がはるかに重要です。

それは小学校の授業で教えてもらえることではありません。そして、実はそれこそが本当の国語力の土台となるものなのです。

「学校の勉強はそれほどしなかったけど、本をたくさん読んでいたので、国語の成績はトップだった」というのはよく聞く話です。

また、簡単な足し算や引き算も、就学前にできるようになっておきたいと言われますが、これも紙の上での「3＋7＝10」の数式が解けなくてもいいのです。

それよりも、たとえば5つあるアメを3つ食べたら残りはいくつかとか、ピザを3人で分けるにはどう切ったらいいのかなど、数字への感覚を磨いておくことです。

これがそのまま、算数力の土台となります。

算数に強い子とは、幼少期から数字感覚を身につけていた子が多いものです。

図形についても同様です。ブロックや折り紙遊びが図形センスを磨くことは、よく知られています。

こうした、**いわゆる「勉強」の外にある知的な遊びが、小学校前にさせてあげたい「幼児教育」**なのです。

よく動き、丈夫な身体に

身体面でも、「小学校に上がる準備」となりますが、これもまた先取りをする必要はありません。

サッカーや野球など本格的にスポーツを始めるのは、小学校からで十分。筋肉量の少ない幼児にはまだ難しいのです。

水泳にしても、5、6歳で何メートルも泳げたらすばらしいですが、まだ泳げなくても全然かまいません。小学生の年齢になったら、少し練習すれば誰でも泳げるようになります。

それよりは、ボールを蹴ったり投げたりするのに**身体を慣らしておく**こと。水遊びのなかで水に慣れ、顔をつけられるようにしておくこと。さらに、よく歩いて足を鍛えておくこと。

それが身体面の土台となるのです。

思考力や記憶力、やりぬく力もついてくる

音楽や美術についても同じです。

おもちゃのピアノや楽器で音楽に親しんでおく。上手な絵が描けなくても、好きな絵をたくさん描いていればいいのです。

音楽や美術を好きになれることが一番大切です。

そして、こうした知育を通して、子どもの人生に今後重要となる力も同時に養われていきます。

思考力や記憶力、判断力、やりぬく力、忍耐力、さらには共感力、コミュニケーション力といったことです。

特別な英才教育は必要なし。日常の中でできることばかり

買い物でお金の計算、本やパズル、ボール遊び…

幼児期の子どもにしてあげたいこと。知力面では主に国語と算数、身体面では主に体力や運動能力の土台をつくることでした。

そのために、特別な英才教育は必要ありません。日常の、ちょっとした工夫でできることです。

たとえば、知っている物の名前を増やすのは国語力の基本ですが、**物の名前を覚える機会は日々そこら中に転がっています**。

スーパーは、物の名前の宝庫ですね。買い物に行くたび、「これは大根だよ」「この

サンマはおいしそうだね」と会話したら、もうそれは立派な知育です。

100円を渡し、「これで好きなお菓子を買っていいよ」と言ったら、子どもは一生懸命探すでしょう。**どんなドリルよりも算数の勉強になります。**


絵本の読み聞かせも、まったくしたことがないというご家庭は少ないと思います。ただ、時々だったり、最近はしていないということもあるでしょう。

その回数を増やすだけでも、知育がプラスされたことになります。

子どもの遊び道具として、パズルやトランプ、タングラム（三角や四角で形をつくるパズル）を取り入れてみる。お絵描きの延長に、迷路をやってみる。公園で遊ぶとき、ボール遊びをしてみる。家でお相撲ごっこをする……。

あるいは植物を育てたり、生き物を飼ったり。休日には動物園や水族館に行ってみたり……。


どれもまったく特別なことではないのです。

けれども、**特別ではないことが、すばらしい効果を生む**のです。

楽しみこそが学ぶこと

また、子どもは「楽しい」ことでないとやらないし、長続きしません。子どもは正直です。

私が幼児教育を始めて30年がたちますが、その間ずっと**子どもたちをいかに「乗せる」か**ばかりを考えてきました。「これをやらせたい」という大人の願望があっても、肝心の子どもにやる気がなければ、どうしようもありません。

結果、**すべてを「楽しい遊び」に変えてしまう**ことに行き着きました。

たとえば、数を覚えるために、階段の段に「1、2、3……」と書いてあります。そうすれば、階段を上るたびに「1」「2」「3」、下りるたびに「10」「9」「8」と子どもは言ってくれます。

こういうのを子どもは大好きなんですね。そうして、どの子も知らぬ間に10まで数えられるようになっていきます。

これは大根だよ

「子どもの仕事は遊び」「子どもは遊びから学ぶ」というのは真実です。

ですから、幼児の知育は遊びの中で取り入れるのが最初です。そして、どんなことも楽しい遊びに変えてしまうことです。

遊びの「レパートリーを増やす」感覚で

子どもはすぐに飽きるもの

とはいえ、急にいろいろやらせようとしても、「はい、やります」とはなかなかいかないものです。

スーパーでお金の計算をさせてみようと思っても、「そんなのわかんない」と、まるで考えようとしなかったり。タングラムをせっかく買ってみても、「難しそうだからやりたくない」と見向きもしなかったり……。

子どもには子どもの成長レベルがあります。最初はみんなゼロからスタート。「できなくて当たり前」と思いましょう。そうすれば親もきりきりせずにすみます。

また、この時期の子どもは好奇心いっぱいゆえに、すぐに新しいことに目が向いて、今やっていることに飽きてしまいます。

タングラムを買って、最初の3日くらいは熱中していたのに、4日目にはやらないということも多いでしょう。

でも、それが普通です。集中力がないとか、成長していないということではありません。**またしばらく経つと「やる！」と言い出すこともあります。**

ですから、「やっぱり向いていなかったか……」とあきらめてしまうのではなく、しばらく置いておいて、頃合いを見てまた出してみる。それはもしかしたら、半年後かもしれません。

けれども、そういうことをくり返して、気がつくとすごく成長しているのです。

その日の気分で、いろいろやってみる

「子どもは飽きるもの」。それが大前提です。

「いろいろな遊びをしましょう」と言うと、まるで小学校の授業のように、「4時まではトランプ、5時からはカルタ……」などと、1日の中にすべての遊びを詰め込んで、毎日バランスよく続けようとする真面目な親御さんがいます。

しかし、そのように遊びを時間で区切ったり、親の考えだけで次の遊びを決めたりすると、子どもにとっては退屈そのものです。そもそも、気持ちが向かなければ、なかなか乗ってこないでしょう。

読み聞かせも、子どもが疲れていたり、その気がないのに、「毎晩読まなければ」と義務のように読もうとすると、楽しい時間が苦痛になってしまいます。

大人はつい「毎日やらないと身につかない」と考えますが、**引くときは引く**のも肝心です。子どもは上手に「転がして」ください。

トランプが子どもの知能を伸ばすのは確かですが、毎日絶対にしなければならないわけではありません。子どもを伸ばす、たくさんある遊びのひとつ。そう考えてください。

「レパートリーをたくさん持っておく」ということです。
「トランプしない？」と言って、子どもが乗り気ではなかったら、「じゃあパズルやろうか？」と提案する。子どもが飽きてきた様子なら、「ボール投げして遊ぼうか」と誘う……。

手を変え品を変え、遊んであげてください。

親がいろいろなレパートリーを持っていると、子どもも飽きずにいられます。

本書には、家で簡単にできて、幼児期の成長を促せる遊びのヒントをたくさん載せています。

ぜひこのなかから、お子さんが興味を持ちそうなものをひとつずつ試して、**「今日は何をして遊ぼうか」**と、子どもが選べるようにレパートリーを広げていってください。

ドリルやワークも遊びのひとつに

「ドリルやワークはやらせたほうがいいのですか？」

という質問をよく受けます。

書店に行くと、「はじめてのひらがな」「たしざん」「ちえ」「きりえこうさく」など、幼児向けのドリルやワークがたくさん出ています。

必ずしもやらせるべきものではなく、またやらせてはいけないものでもありません。「遊びのレパートリー」のひとつとして、試してみたらいいでしょう。

ドリルというと、字の書き方や計算など、お勉強というイメージがありますが、**迷路だったりクイズ的なものだったり、遊び感覚のものもたくさんあります。**

あるご家庭では、お子さんの興味にあわせて親御さんが何冊もドリルを買い揃え、その時々で「これをやってみたら？」と取り出すそうです。

1冊を1ページ目から順に解いていく必要はありません。解かないページがあってもいいのです。

「4歳から」「5歳」などという対象年齢は目安。子どもには個人差、得意不得意がありますす。その対象年齢の問題が解けなくても、気にする必要はありません。

また、**「毎日必ず○分ずつ」などと決める必要もありません。**

習慣になればすばらしいですが、そのために子どもに無理強いすれば、「ドリルなんて嫌い」「勉強なんてつまらない」と思わせてしまうだけです。

「遊びのひとつ」なのですから、「今日は雨で外に出られないから、ドリルでもやろう」くらいでいいのです。

習い事はさせるべき？何をさせたらいい？

「本人が好きで行く」のが大前提

特別な英才教育を施さなくても、幼児期の子どもを伸ばすことはいくらでもできます。とはいえ、習い事はいっさいさせる必要はないということではありません。習い事は子どもの興味関心を広げ、得意をつくるチャンスです。時間的、経済的な余裕があれば、大いにやらせてあげてほしいと思います。

ただし、無理強いは禁物です。習い事も、子どもにとっては遊びの延長にすぎません。大人が思うように何かを極めるということではなく、**楽しく気持ちを発散できるか**どうか。

習い事という場所にまだ馴染めない、ということもあるでしょう。子どもがいやがるそぶりがあれば、ムリに通わせる必要はありません。いやいや通ったところで、成果は出ないものです。

園で音楽や体育、図画工作の授業があるなら、それを習い事とカウントしてもいいでしょう。実際に、最近の保育園や幼稚園では、プロの先生を呼んで音楽指導や体育指導をしてもらっているところも増えています。

先生との相性は大きい

お子さんに合う習い事を見つけてあげたいなら、たとえばおもちゃのピアノを楽しんでいたらピアノの**体験教室に連れて行き、そこで子どもが笑顔になっていれば習わせてあげましょう。**

親が習わせたいと思う習い事が、必ずしも子どもが楽しめるとはかぎりません。

幼児期の習い事は、ピアノにせよスイミングにせよ「慣らす」というレベルで、本格的な技術の習得は小学校以降になります。「早くやらせないと」「一番いい時期を逃してしまう」などと焦らなくて大丈夫です。

今の時期は「あそこに行くと楽しい」と思えれば十分だと思います。

また、何を習うか以上に、「誰に習うか」が大切です。

先生と子どもの相性というのは、絶対にあります。どんなに評判の先生でも、子どもと合わない人だと、やはり通うのがいやになります。

その先生が上手に子どものやる気を引き出してくれるかどうか、親御さんが先

合わない先生だと…

合う先生なら…

生と話したり、見学や体験をしたりして、「この先生なら任せられる」と思える人を選ぶのが大切です。

学習系の習い事について

くもんや英語教室など、学習系の習い事も、子どもが楽しく通えるかどうかが一番のポイントです。

行っていないから学習が遅れるということはないし、早く始めた場合でもステップがなかなか上がっていかないこともあります。

英会話については、「耳で聞くのには臨界期があるから、何歳までに始めないといけない」などと言われますが、大人になってから必要に迫られ、習得した人はたくさんいます。

親が外国人であるとか、家で英語を話す習慣がないかぎり、週1回や2回教室に通っても、なかなか身につかないものです。それよりも、好きな英語の歌を毎日聴くほうが効果が上がるかもしれません。

かといって、英語を習うことがムダかというと、決してそんなことはありません。早くから始めることは、英語に慣れるうえでとても有効です。グローバルな時代、外国人や外国の文化に間近でふれ合うのは、非常に大切なことです。

また、私たち大人も、デスクとかバケーションなどの言葉を日常で使うことが多いので、そういう意味で子どもの語彙を増やすのはいいことです。

ただ私としては、**英語よりはまずは日本語**をと思います。日本語を深めるのに、深めすぎということはありません。

日本語という母国語の上に、第二外国語として英語がくる。そう考えてください。

「今すぐの、目に見える効果」を求めない

1週間や1ヵ月で大きな変化はない

知育や習い事を始めるとき、親御さんにもっとも気をつけていただきたいのは、「今すぐの、目に見える効果を期待しない」ことです。

本の読み聞かせやパズルを始めたら、明日には頭が良くなるような気がしてしまいますが、そんなわけはありません。1週間や1ヵ月で大きな変化はないでしょう。スイミングに通い始めても、数回のレッスンで上手に泳げるようになるものではありません。

けれども、それを**半年、1年と続けて、気づいたらずいぶん伸びていた**ということ

になるのです。

すぐの成果を期待すると、成果が出ないことにがっかりし、「やっぱり効果がないんだ」と早々にやめてしまうことになります。それではあまりにもったいない。

子どもの成長は長いスパンで見守ることが大切です。すぐに効く魔法のような方法は存在しません。

子どもの気がそれたら、引くのも大切

子どもの成長は一足飛びとはいきません。その子のペースで、ゆっくり進んでいくものです。今のレベルに合わないことを求められると、子どもはとたんにやる気をなくしてしまいます。

あるお母さんの話ですが、5歳の息子さんが「30、29、28、27……」と数を逆にとなえているのを聞いて、これはチャンスと思い、「すごいね！　じゃあ50から逆に言

って みて」と言ったそうです。ところが息子さんに「そういうこと言うのやめてよ、お母さん」と言われてしまったとか。

親は、子どもが夢中になってくれるとうれしくてつい、「今日はもうちょっと難しいのをやってみよう！」と先走りがちです。しかし、子どもは敏感です。「このほめ方はおかしいな」「やらせようとしているな」とすぐに察します。

こんなときは、さっと引くのが正解。**まだ時期ではなかった**ということです。それでも考えさせようとすると、子どもはますますやる気をなくしてしまいます。

将来何倍にもなって返ってくる

また、この時期にする教育には、特別な期限はありません。

小学校受験をする場合には、受験の日に向かって知識を蓄え、技能を磨いていく必要があります。けれども、そうでない場合には、テストを受けて力を試されるわけでもなく、詰め込む必要はないのです。

あくまで楽しく、遊びの延長で。

今は将来的な貯金をつくるときだと思ってください。

小学校に上がり、本格的な勉強やスポーツが始まったとき、**「あ、あの頃やっていたことが、今生きているな」「今これができるのは、昔あれをしておいたおかげだな」**と感じるときが必ずやってきます。

それが本当の幼児教育なのです。

この時期はどうしても男女差があります

そつなくこなす女の子、じっとできない男の子

男の子をお持ちのお母さんからよく聞くのが、

「話を聞かない」

「じっと座っていられない」

「自分の好きなことしかしようとしない」

という悩み。

「知育をするレベルに達していません！」とも言われます。

子どもはみな、落ち着きがなく飽きっぽいものです。けれども、女の子と比べて、男の子はその傾向がより顕著なようです。

私の教室でも、課題にまじめに取り組むのは、たいてい女の子です。男の子は途中から騒ぎ出すことがしばしば。

字の読み書きについても、概して男の子は遅めです。

正直言って、性差は歴然としてあります。

私は小学生のとき、「どうして女子は何でも上手にできるのに、僕はうまくできないんだろう」とよく思っていました。

女の子は小さい頃から周りの状況を見て先を読み、論理的に考えます。そしてたいていのことを、バランスよく上手にこなします。

男の子は、「そのとき楽しければいい」という考えで行動しています。先を読んで行動しない男の子に、「今やっておかないと小学校になると困るよ」と言ったところで伝わりません。

「うちの子はいつ、しっかりするんだろう」と悩む男の子のお母さんに、「高校生くらいじゃないですか」と言うと、「そんな先ですか！」と驚かれます。

これは冗談としても、それくらい先の長い話と思えば、今の子どもの姿を焦らず見守ることができるでしょう。

男の子は後から一気に追い上げる

そんな男の子ですが、決して成長していないわけではなく、成長が目に見えないだけです。

伸びしろがたくさんあるので、今後中学・高校で伸びる可能性が高いです。高校3年生で部活を引退してから、急に勉強に集中する男の子の話もよく聞きます。

それまで目に見えないところでバラバラに動いていたことが、急にパズルのようにガチャン！とはまる瞬間があるのです。

だから男の子の親御さんは、「今できなくても、またいつかできるわ」くらいの気持ちで接してもらえるといいですね。


とはいえ、そんな男の子も**5歳くらいになると、それまでと比べて格段に落ち着いてきます**。

幼児教室でも、男の子については5歳くらいから一気に追い上げるものというのが共通認識です。本気になったときの男の子の集中力は目を見張るものがあるので、それも可能なのです。

ただ、やはり興味がわかないと、やる気が出ないのが男の子。あの手この手で上手に転がし、乗らせてあげましょう。


男の子を乗せるには、とにかく**「かっこいい」とほめる**こと。

男の子はかっこつけたがりです。それも、周りと比較してどうこうではなく、自分のなかでかっこいいか、かっこ悪いかだけです。

なかなか片づけをしないときにも、

「あっ、〇〇君がお片づけマシーンになりました。わあ、かっこいい。お片づけを始めました。すっごい、このマシーン。このロボットはかっこいい。ガシーン。またパワーアップしました」

などと言うと、嬉々としてやり始めます。

こうやって、「かっこいい〇〇君」を表現してやると動くのです。

女の子は「やらせすぎ」に注意

女の子は周りをよく見て動き、親の期待などをすぐに察します。

また、先を読んで行動することができるので、「小学生になったらこうなるから、今こうしておこうね」と説明すれば伝わります。

年上の女の子を見て「私もああなりたい」とあこがれることと、親から言われた言葉が結びつき、「だから今こうしよう」と自分から行動に出ます。

ですから男の子に比べると、ずいぶん成長が早いと感じます。しかしそこには、とくに母親には気づきづらい落とし穴があります。

何でも素直にまじめにこなしてくれるからと、やらせすぎてしまうことがあります。**女の子は母親が大好きですから、「ママの期待にこたえたい！」とがんばります。**それほど興味がないことでもやろうとします。

それが功を奏することもありますが、子どもにストレスがたまったり、息切れしてしまうケースも。

女の子の場合は、「やらせすぎ」ていないか、親の方が時に立ちどまることも必要でしょう。

一番大切なのは、親子のコミュニケーション

子どもは親との会話から多くを学ぶ

子どもにとって、最大の教育、知育とは何か。
そう聞かれたら、私は迷わず「親子の会話」と答えます。

子どもの一番の先生は親御さん自身です。子どもは親との会話からさまざまなことを学びます。

たとえば子どもが言葉を覚え、語彙を増やすのも、親御さんがどんな言葉を話すか次第。一緒に道を歩くときも、ただ「鳥だね」「月が出てるね」「車がきたよ」ではなく、「かわいいウグイスがないているね」「まんまるお月様が光ってるね」「青いトラックが近

づいてきたよ、気をつけて」と、豊富な語彙で交わされる会話は、子どもにどんどん言葉の貯金をつくっていきます。

こういう会話が子どもの説明力も伸ばします。

とはいっても、豊富な語彙の会話とはそんなに難しいものではありません。**子どもと話をするとき、よりていねいな表現をしようと心の片隅にとどめるだけで、使う言葉も変わってきます。**

忙しくても、ふれ合う時間を大切に

子どもは安定した環境のなかで、信頼している大人とさまざまな会話をすることで、新しい言葉や物事を吸収していきます。

小学校入学前なら、親御さんが毎日しっかりと関わることで、知育や運動能力の土台がつくられます。大好きな親御さんと過ごす時間や、親子のコミュニケーションが満たされていれば、子どもは新しいことにも挑戦していけます。

家族で楽しく会話をしながらご飯を食べて、お風呂では親子でキャーキャー言って遊んで、リラックスして寝て、そして休みの日にはいろいろなところに一緒に行ってほしいなと思います。

そう聞くと、仕事をされている親御さんの中には後ろめたさを感じる方がいるかもしれませんが、心配ありません。

大切なのは、時間の長さよりも密度です。日中子どもと一緒にいられない共働きのご家庭では、家に帰ってからが勝負です。

帰宅後から寝るまでの数時間、たっぷりふれ合うことができれば大丈夫です。

あるご家庭では、夕食を短時間で食べ終えて、入浴までの1時間を家族でボードゲームやカードゲームをすることに費やしていました。

親子の時間を最優先にした結果、食事についてはなるべく早く調理できるものを今は選んでいるとのこと。

これはほんの一例で、食事をゆっくりとりたいなら、食事中の会話を充実させればいいし、お風呂が好きなら、親子でゆっくりと浸かってコミュニケーションをとればいいと思います。

平日にゆっくり遊ぶことができなくても、こうしたふれ合いだけで十分です。その分、休日にたっぷり親子で遊べばいいでしょう。

たくさんほめて、自信を育てる

親子のコミュニケーションということで、ぜひたくさんしていただきたいのは「ほめる」ことです。

そう言うと、

「ほめてばかりだと、子どもが調子に乗りませんか？」と聞かれることがありますが、「ほめる＝おだてる」ではありません。大げさに「さすが○○ちゃん、天才！」などとほめる必要はないのです。

大人もそうですが、やはり人間は「認めてもらいたい」と思うもの。子どもがボールを投げたときに、「おまえ、全然投げられないんだな」「下手だな」なんて言われたら、次から意欲をなくしますよね。

それよりも、「これだけ投げられてすごいね」と認めてあげる。そのとき、「今日は前よりすごいな、10点アップの70点」などと数字を言ってあげるのも、子どもを乗せます。親が反応してくれることに、うれしさを覚えるのです。

何かをつくっていて、ちょっと不安になって子どもがこっちを見たら、「それでいいんじゃない？」とOKを出してあげる。

こういう小さなことでいいのです。**認められたらうれしいし、次もがんばろうと思います。**子どもを乗せるには、まず「ほめる」こと。これは鉄則です。

第2章

「国語力の土台」をつくる

学校で習い始める前に育てたい「国語力」とは？

日本人なら日本語ができて当然ではない

第1章で述べたように、学力の基本は国語と算数。なかでも国語力は、あらゆる学力の土台となるものです。

小学校に上がる前のこの時期に、ぜひとも豊かな日本語を身につけてほしいと思います。

とはいえ、

「日本人なのだから、日本語はできて当たり前」

「あらためてやらなくても、普段の生活の中で自然と身につくのでは？」

という声もあります。

しかし、日本人なら日本語ができて当然、とはかぎりません。同じ日本人でも、日本語力（国語力）には大きな差があります。

その人の日本語力は、どれだけ言葉を知っており、適切に使い分けられるか（語彙力）、文を読んだり聞いたりして理解できるか（読解力）で決まります。それは一朝一夕に身につくものではありません。

豊富な言葉と文章で話しかけて

それでは、どうしたら子どもの日本語力、国語力を高められるでしょうか？

大切なのは、やはり前章でも述べた「親子の会話」です。

毎日、日本語を聞く生活をしていれば、ある程度の日本語は身につきますが、聞いたことのない言葉は覚えられません。

親御さんが毎日どれだけ豊富な言葉を使って話しているかが、子どもの語彙力に直結します。

しかし、**日常でよく使う言葉は省略形になりがち**です。「くつをはきなさい」ではなく、「くつ！」とひと言で終わらせたり。「早く」「ダメ」などの命令調が多くなってしまいますね。

日々の会話に出てくる言葉は、おそらく１００語程度のものではないでしょうか。

そこで、意識して会話をしてみてほしいと思います。

子どもが「お腹が痛い」と言ったら、

「おへそより上？　下？　キリキリするの？　それともドーンと痛いの？」

などと、豊富な言葉と文章で話しかけてほしいのです。

そのくり返しが、子どもに言葉の貯金をつくっていきます。

毎日少しずつ「言葉の貯金」をしていく

また、「こんな難しい言葉、子どもにはまだわからないわ」と思い込むのも早計です。

ある年中児が園から帰るなり、「今日はトマトを収穫したよ」と言ったそうです。お母さんは「どうして〝収穫〟なんて言葉を知ってるの？」と驚きました。

きっと園の先生が、「今日はトマトの収穫をしますよ」と教えてくれたのでしょう。

子どもは前後のニュアンスで、難しい言葉でも的確にとらえます。

そうやって会話から言葉をインプットし、後にそれをアウトプットしながら、国語力が育っていくのです。

言葉はインプットが先で、アウトプットが後になるため、幼児期に言語能力が育っているどうかは、目で見てわかりにくいものです。

でもお子さんは確実に言葉の貯金をしています。

たくさんのことを吸収するこの時期に、豊富な会話でお子さんの中に言葉をためてあげてください。

なにより本をたっぷり読もう

口語は会話から、文語は本から学ぶ

日本語にせよ英語にせよ、母国語とは「口語」と「文語」を両方獲得して、はじめて成立するものです。

口語は話し言葉、文語は書き言葉です。口語については、日常の会話の中で養われますが、文語は本を読まないと絶対身につきません。

「むかしむかしあるところに、おじいさんとおばあさんが住んでいました。おじいさんは山へ柴刈りに、おばあさんは川へ洗濯にでかけました。おばあさんが……」

これが文語です。**きちんと主語・述語があり、「てにをは」をきちんと使い、誰が**

読んでも正確に読み取れる。これが書き言葉の文語です。

小学校から習う教科書は、すべてこの文語で書かれているのです。

それに比べ、口語はいろんな言葉を省略して使います。それは二人の間でだけ通じればいいからです。

「早よ起き、起きたら、来てよ」

「これでいいで、早よ食べ」

これは親子でかわす普通の会話。でもそれは第三者が読むと、誰がどう、何をしているのかよくわかりません。でも二人の間では通じるからそれでいいのです。これが口語です。

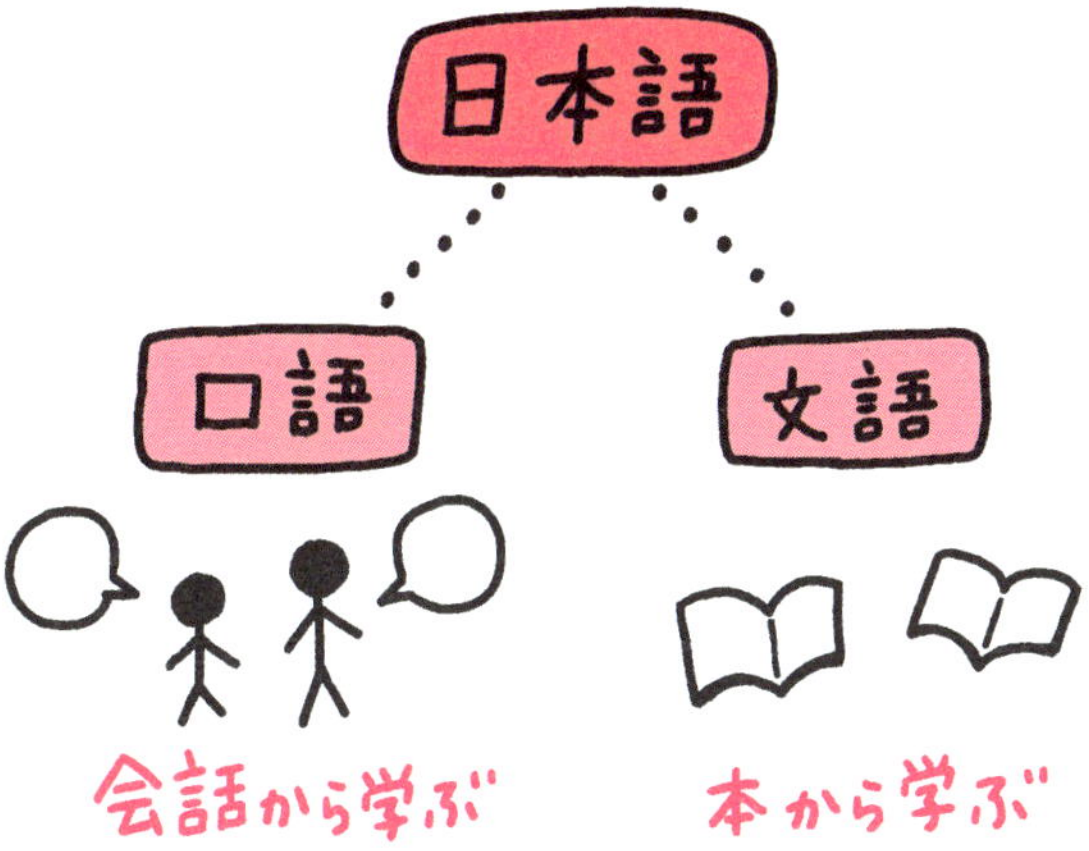

「教育は本に始まり、本に終わる」

具体的に、文語の能力を養うためにどうすればいいかと言えば、難しいことはありません。

とにかくまずは、いい本をたくさん読むことです。

その原点が絵本だと私は思います。

子どもに読ませることが目的である絵本は、下手な文章では出版できません。きちんと主語・述語があり、「てにをは」をきちんと使って書かれています。

そのうえ、文語は読解力をつけてくれます。

たとえば『シンデレラ』にしても、最初に主人公がいじめられて、魔法使いが現れて舞踏会に行って、そこで魔法が解けるハプニングがあって、最後はガラスの靴を履いてハッピーエンド……と、豊富な語彙はもちろんのこと、1冊の中に起承転結の構成があります。

「こうしたから、こうなる」という因果関係がわかり、読解力が養われます。
「次はこうなる」という予測もできるので、それによって子どもは想像力が豊かになり、かつ「自分だったらこう思う」と考える思考力にもつながります。

たくさん本を読んで、豊かな語彙と、すばらしい文章をインプットしておけば、きちんとした文章が書けますし、自分の気持ちを的確に相手に伝えられます。

さらに、本を読んでいればたくさんの知識を吸収できます。
「教育は本に始まり、本に終わる」と言われます。実際に、こと国語力に関しては「本さえたくさん読んでいればいい」と言ってもいいくらいです。

読み聞かせにはこれほどの効能がある

最良のコミュニケーション手段

国語力のために、本を読むことが大切なのは前述しましたが、まだ自分で本を読めない幼児期のうちは、読み聞かせをすることが多いでしょう。

働いていたり、家事をしていたりでどんなに忙しくても、読み聞かせをしている間は、**子どもが親御さんを独占できる時間**です。

子どもにとって、こんなにうれしいことはありません。

幸せな読み聞かせの時間を経験した子どもは、必ず親になったときに、子どもに絵本を読み聞かせる大人に育つでしょう。すばらしい連鎖です。

読み聞かせは親子のきずなが深まると同時に、いつの間にかお子さんの国語力も育つのですから、その効能ははかりしれません。

「もう1回読んで」は大チャンス

子どもは自分の好きな絵本を読んでもらうと、必ずこう言います。

「もう1回読んで」

そして、もう1回読むと、またこう言います。

「もう1回読んで」

実はこれがいいのです。**小さい頃の本読みは、多読よりも1冊の本を何回もくり返して読む「くり返し読み」が大切です。**

100回1000回、読む本も出てきます。もうその本はすべて覚えています。好きな本を1ページ飛ばして読むと怒ります。1行飛ばして読んでも、それを指摘します。

その本が丸ごとその子の頭に入っているのです。

きちんとした文語で書かれた物語が、1冊まるごとその子の頭に入る。こんなすばらしい教育があるでしょうか。一生の財産です。

そんな丸ごと1冊頭に入っている本を2冊、3冊と増やしてあげてください。

これが読み聞かせの最大最良の効果です。

読み聞かせは、とにかくくり返し読むことが絶対に大切です。小さいうちは、同じ本を何百回と読んであげてください。

いろいろな本をたくさん読むのは、このくり返し読む時期を卒業してからが望ましいでしょう。

同じ絵本を何百回も読んで文章が「入る」

先ほども言いましたが、親が1ページでも読み飛ばそうものなら怒り、言葉を間違っていたら指摘します。

それは**記憶力がついていると同時に、予想する力もついている**からです。

「次はこうなるぞ」という予想をして、その通りに言葉が出てきたり物事が進んだりすると、子どもにとっては「当たった！」ともののすごい自信になります。

私は、この「当たった！」という感覚が「快」を生むとも考えています。

日々の生活の中で、物事が必ず子どもの予想通りになることは、なかなかありません。それが絵本では可能なのです。

子どもは、物事が予想通りに運ぶと安心するのでしょう。

そうした安心と自信から、「もっと知りたい」という意欲がわき、語彙力や文章力が育っていくのです。

何度も同じ本を読むと、言葉が頭の中にしっかりと残ります。

その覚えた言葉を、小学校に行くまでに何冊分ももっていれば、日記などの作文は簡単に書けるでしょう。

さらに、小学校でもっとも必要な能力のひとつである、「話をしっかり聞いて記憶する力」も伸びます。

子どもの「もう1回！」という言葉は、幼児教育をしている親への、ご褒美の言葉なのです。

知っている「物の名前」をどんどん増やす

「おわん」「しゃもじ」を教えていますか？

私たちが英語で最初に習うのは名詞です。

「ゆっくり」「動く」「もっと」といった形容詞や動詞、副詞は絵のように目に見せにくいものですが、名詞は目で見せられるものなので、一番教えやすいのです。

日本語も同じく、子どもにとっては目で見て耳で聞いて覚えるのに、**名詞＝物の名前が、最初に覚えやすい**のです。

こう言うと、お母さん方はたいてい「教えています」と答えます。たしかに、「犬」「車」などの言葉は教えているでしょう。

でも、「お鍋」「おわん」「しゃもじ」といった言葉を子どもに聞いたら、知らない子がたくさんいるのです。つまり教えられていないということです。

「優先順位が違う」というかもしれません。いつかこの子も知るだろう、と思うかもしれませんが、**子どもは言葉を教えないかぎりは覚えません**。

スプーン、フォークはわかっても、「お玉取って」と言ってわかる子が何人いるでしょうか。お子さんは、木べらとしゃもじの違いがわかるでしょうか？

子どもは虫が好きになれば虫の名前をたくさん覚えます。車の車種が言える子もいます。名前を覚える力はあるのです。

世の中に「知らなくていい物の名前」などありません。

私たちは言葉を使って思考するのですから、知っている言葉、知っている物の名前が増えれば増えるほど、頭はどんどん良くなっていきます。

日々の生活のなかで、「お椀に入れるね」「お玉ですくうんだよ」「これは、ざるっていうの」などと会話におり込んであげてください。

実物を見せながら、さりげなく

「子どもに物の名前を教えましょう」と言うと、つい「覚えさせよう」と意気込んで、「お・た・ま、だよ。言ってみて」と強要したり、「これ、なんだった？」とお勉強のようなことをしてしまいがちです。

そうなると、子どもは楽しくなくて、たちまち覚える気をなくします。

ご飯や買い物のときに、さりげなくインプットできるといいですね。

たとえば、大根の絵を書いたカードを見せて、「これは、だ・い・こ・ん」と教えるよりも、一緒に買い物に行って本物を見せて、「これが大根だよ。白くて長いね」などと伝えるほうが、断然効果があります。

あるお母さんは、子どもに曜日を教えていなかったことに気づいて、毎日のように、「今日はテレビで〇〇があるから、木曜日だよ」「今日はお休みだから日曜日だよ」などと話しかけていたそうです。

「〜だから木曜日だよ」と、子どもの興味を引きそうな言葉を追加して会話をすることで、子どもにはずっとインプットしやすくなります。

こうして、数ヵ月で曜日の感覚をだいぶ理解できるようになったそうです。

また、**知っている物の名前を増やすということでは、本はやはり一番のツール**です。

楽しみながら絵本を読み聞かせてもらううちに、さまざまな動植物の名前や種類、世の中の出来事などを自然とインプットしていきます。

普段の会話と本の両輪で、子どもの言葉量をどんどん増やしてあげてほしいと思います。

「古き良き日本語」をインプットする遊び

ことわざカルタが子どもに人気

祖川幼児教育センターでは、ことわざや慣用句、俳句の暗唱を教室で行っています。
いずれもカルタがあり、カルタの絵を見せて「棚から牡丹餅」「桃栗三年柿八年」「菜の花や月は東に日は西に」と子どもたちが暗唱します。

親御さんからすると、そうした言葉を覚えたところで、生活で使わないなら意味がないのでは、と思うかもしれません。また、子どもにはまだ難しいというのもあるでしょう。

たしかに、子どもには半分も意味がわかっていないかもしれません。しかし、それでもいいのです。

古くから残っている日本語のリズムというのは、われわれにとって非常に心地良く、自然に頭に入ります。子どももそれが感覚でわかるようで、楽しく暗唱しています。

その音感を楽しんでいるだけで、日本語力の土台となってきます。

ぜひとも、カルタ遊びをしながら、ことわざや慣用句を子どもに教えてあげてください。

「ことわざは大切だから、覚えさせたい」と気張る必要はありません。

私の教室でも、すべてのカードを使うのではなく、子どもたちがおもしろいと思うものだけを選んで使っています。

50枚くらいあるカードの中で、**1枚でもその子の心に残る文句があれば、それでいいのです。**

意味は知らなくても、ただ楽しく何度も遊んでいる

『ことわざかるた』(学研教育出版)

うちに、音感として言葉を覚え、小学生になってその言葉を習ったときに、「知ってる！」と思うことが「快」になります。「快」を感じれば、また新しい言葉に出会うことが楽しみになり、良い連鎖が続いていくのです。

古典や童謡のCDを家で流す

昔の日本語と言えば、古典の暗唱もオススメです。子ども向けのテレビ番組で、「じゅげむ」や「論語」などに曲を乗せ、歌にしていますね。そのCDを家で流し、聴かせるのもいいでしょう。

とあるご家庭では、両親ともに落語好きだったため、娘さんは3歳で「じゅげむ」を覚えてしまい、小学校の授業で「じゅげむ」を習ったときには、昔の記憶から、すらすらと唱えることができたそうです。

ところで、ラジオやオーディオで音声を聴くのは、子どもにとって非常に良いことです。**聴覚は視覚以上に集中力を必要とします。**また、映像がない場合、子どもは頭の中でさまざまイメージをふくらませることができます。

テレビのように子どもが釘付けにならず、遊んだり他のことをしながらでも聴けるのが、音声の良いところです。

古典以外にも、童謡などを流すのもいいでしょう。

「あかとんぼ」や「あめふり」など、童謡には日本を代表する詩人によってつくられたものがたくさんあります。あらためてお子さんと一緒に歌い、すばらしい日本語をインプットしてあげてください。

なぞなぞやしりとり、あたまとりをしよう

しりとり、なぞなど、古くから残っている遊びは、豊かな言葉づかいができるようになるために、ぜひやってほしいものです。

目安としては、4〜5歳で「しりとり・あたまとり」、5〜6歳で「なぞなぞ」を始めるといいと思いますが、いずれも子どもが意欲を見せたら、それが始めどきです。

あたまとりというのは、言葉の頭の文字が最後にくる言葉をつなげる遊びです。

しりとりでは、

りんご↓ごりら↓らっぱ

となりますが、あたまとりでは、

りんご↓まり↓くるま

となるので、しりとりよりも難しくなります。

4～5歳になると、語彙が増えてしりとりが大好きになります。何より**場所を選ばず外出先でも、いつでもできる**ので、できる限りつきあってあげてほしいですね。

しりとりに慣れてきたら、あたまとりにも挑戦してみてください。

なぞなぞは、まず親が出題しますが、慣れてきたら子どもに問題を出させましょう。

そして、その問題に上手に乗ってあげてください。子どもは先生役というのが大好きなのです。

最近は書店に行くと、なぞなぞ本がたくさん出版されています。1冊買ってきて、親子でなぞなぞの出し合いをしてください。

文字もどんどん読めるようになりたい

世界が広がり、楽しいこと

「そろそろ、ひらがなを読めるようになった方がいいですか？」

お子さんが3、4歳になると、親御さんからよく受ける質問です。「クラスのお友達はほとんど読めているのに、うちの子は……」と焦ってしまうこともあるかもしれません。

文字については、どんどん読めるようになるといいというのが私の考えです。ただそれは、「○歳になったら、ひらがなを読めていなくてはいけない」「後々困る」といった意味ではありません。

世の中は文字であふれています。あらゆることが文字で表現されています。文字が読めるようになるというのは、子どもにとって、どんどん世界が広がっていく、とても楽しいことなのです。

新しい言葉を読めるようになるたびに、子どもは「快」を感じ、さらに意欲がわいて、「もっと言葉を知りたい」「もっと読めるようになりたい」と思うようになります。

まずは、**自分の名前のひらがな**を読めるようになるといいでしょう。

そこから母親の名前、父親の名前、ペットの名前……などと広げていき、次に「つくえ」や「いす」など、身近なものの名前が読めるというように、世界を徐々に広げていきましょう。

そして、文字が読めたら、思いきりほめることが大切です。ひと文字読めるたびにほめましょう。

ひらがなは書けなくても、まず読めればいい

よく、「うちの子は読めるけど書けない。文字に興味がないのでは?」「よその子はもう手紙が書けるのに……」と悩む親御さんがいますが、読めるだけで十分すごいことです。

文字はまず「識字」が先です。「読める」があって、次に「書く」があります。そして、**「書く」というのはひとつの技能であり、トレーニングによるもの。**今はまだ文字が書けない子も、やがて関心をもって練習するようになれば、必ず習得できます。

まずは「読む」ができれば十分です。

ひらがな表は貼っておくに越したことはないですが、いきなり壁のひらがな表を見せて、「これは『あ』だよ」と文字の読み方だけを知らせたり、「はい、あ・い・う・え・お」と復唱させるだけだったりすると、子どもにとってはその文字を身近に感じられず、楽しくありません。なかなか乗ってこないでしょう。

ここはやはり、子どものの名前や知っているものの名前につなげて、遊びながら取り組みましょう。

たとえば「ようこ」ちゃんの場合は、「これが、ようこの『よ』だよ」などと、文字探しから始めます。

自分の名前のひらがながわかると、子どもはうれしいでしょう。

そうやって、「ありの『あ』」などと子どもにとって身近なものの名前に関連して50音を覚えていきます。

必ずしも、『あ』から『ん』の順に覚える必要はありません。

カタカナはすぐにマスターできる

50音がマスターできたと思っても、ひら

がな表はそのまま貼っておくことをオススメします。

「あいうえお、かきくけこ……」と順番に読めるようになったら、「いきしちに……」などと横の列で読むことにチャレンジするなど、成長に合わせて、まだまだ活用方法はたくさんあります。


カタカナについても、「いつから教えればいいですか？」と聞かれますが、ひらがなをだいたい習得したら、教えてあげるといいと思います。

子どもたちの好きなキャラクターの名前、あるいは図鑑などにはカタカナがたくさん使われています。**カタカナも読めると、さらに世界が広がります。**

ただ、カタカナはひらがなとよく似ており、さらにシンプルな形なので、すぐに習得できます。カタカナ表を貼っておき、ことあるごとに教えてあげれば、自然と覚えてしまうでしょう。

幼児は「漢字」が好き

「難しい」という先入観がない

世の中にある看板や印刷物には、漢字があふれているため、子どもたちは漢字に早くから興味を持ちます。

大人のように、「ひらがなは簡単だから先に教える」「漢字は難しいから後で」などという先入観はなく、ひらがなにふれるのと同じように、漢字に接するのです。

ある年中のお子さんは、サメや毒のあるトカゲなどの危険な生物が大好きで、そういう図鑑や本ばかり読むうちに、街で見かける貼紙の「注意」という漢字をあっさりと読めるようになったそうです。

別のお子さんも、よみがなのついた本やマンガを読んでいるうちに、漢字に興味がわき、読んだり、まねをして紙に書いたりするようになったそうです。

つまり、「好きこそものの上手なれ」。**お子さんが興味を持ったときが教えどきです。**

街の看板などに書いてある漢字を見て、子どもが「あれは何て書いてあるの？」と聞いてきたら、何度でも答えてあげるといいですね。

私の子どもは祖川の「川」を最初に覚えました。すると、「川」の字を探しまくる

ように。そして、吉野川（徳島の大きな川）に立つ「吉野川」の看板を見つけて叫びました。「カワだ〜！」。

自分の知っている字が見つかるとうれしいのです。これが子どもの心理です。

読める漢字が見つかるとうれしいもの

子どもが漢字に興味を持っていると知るやいなや、読むことだけでなく、書くことも同時に覚えさせようとする親御さんがいます。

しかし、これもひらがなと同じで、「書く」より「読む」ことのほうが絶対に先です。

たとえば大多数の大人が、「麒麟」という文字は読めますが、「書きなさい」と言われて書ける人はなかなかいないでしょう。

ビールを飲むたびにあの漢字を見ていれば、自然と読めるようになるのです。子どもだって同じです。

今の学校教育は、「読み書き同時教育」ですが、私はこれに反対です。

今は書けなくてもいい。まずは読めることが大切です。

小学生になれば、漢字を書く練習をたくさんします。

ひらがなと同じで、漢字を書くことも「技能」なので、練習さえすればだれでも書けるようになるのです。それは小学生になってからの課題です。

その前に今は、お子さんが興味のある漢字を好きなだけ読めるよう、手助けしてあげましょう。

それにしても、われわれ日本人は、読むための表音文字である「ひらがな・カタカナ」と、意味をとるための表意文字である「漢字」を同時に使いこなすわけです。

これは**他の民族にはない知的能力**だと思います。

字を書く練習はどこまですればいい？

「お父さんにお手紙書いてみよう」

何度もお伝えしているとおり、文字は読めるようになることが先で、書くのは小学生になってからでも大丈夫です。

とはいえ、世の中には「小学校入学前にひらがなを書けないといけない」という風潮もあり、焦る親御さんも多いでしょう。４・５・６歳児向けのドリルにも、ひらがなの練習が必ずあります。

もちろん、子どもが興味を持てばドリルを買ってあげて、名前くらいは書けるようになるといいでしょう。

とはいえ、ドリルなどであらたまって練習するのは嫌がる子もいます。

その場合には、普段の生活や遊びの中で、自然と文字を書くことを取り入れられるといいですね。

たとえば次の日曜日、お父さんに遊園地に連れて行ってもらうとき、「ゆうえんちつれていって」と手紙を書くだけでも、いい練習になります。

ひらがな表を見ながら一生懸命書くうちに、書ける字がどんどん増えていくことでしょう。

大切なのは、「6歳までに50音全部!」などと考えずに、その子のペースを大切に

して、少しずつ練習を積み重ねることです。

書くのが嫌いな子は、道具を変えてみる

文字を書くのが嫌いなのではなく、鉛筆が嫌いという子もいます。

まだあまり手先のコントロール力がないうちは、細い鉛筆よりも、**太いクレヨンやマジック**のほうが扱いやすいでしょう。

最近は、小さい子どもの手に持ちやすい**太めの鉛筆や、三角形の鉛筆**などもありますね。道具を変えるだけで、喜んでどんどん文字を書くようになる子が、たくさんいます。

ホワイトボードにペンで書くなら、書き味も滑らかだし、間違えて書いてもすぐに消せるので、書く気になるという子もいます。

玩具でも、磁石がついたペンや、水を含ませたペンで書いて、消しては書いて、という遊びができるものがあります。

こういうものを活用して、書くことを楽しみながら覚えられるといいですね。

カタカナや漢字からでも

実は、**ひらがなというのは書くのがとても難しい**のです。曲がったり、はねたりと、手指の微妙なコントロール力を求められるからです。とくに、「あ」や「ぬ」などは、小学生でも書くのはなかなか難しいものです。

ひらがなより先に、カタカナや簡単な漢字を書き始める子もいます。ほとんど直線だけで構成されているカタカナや漢字は、子どもにとって書きやすいのです。

日本では使用頻度からして、「まずは、ひらがな」と思われがちですが、子どもが書きやすいのなら、順番は関係ありません。カタカナから始めても、大いにけっこうです。

お子さんが「書く」ことに興味を持ち出したら、**迷路遊びなどで線をていねいに書くことからスタートする**といいでしょう。

手指の力を制御しながら、はみ出さないように線をまっすぐ書いたりカーブを描いたりするうちに、コントロール力が身につきます。

第3章

「算数力の土台」をつくる

この時期だからこそ、数字センスが自然に身につく

ゆっくり時間をかけて数の世界に親しんでおく

園児のときは、そんなに数字は出てきません。行動のすべてを親なり園の先生なりが導いてくれるからです。

けれども、小学校に入ると、とたんに自分で決断して行動することが求められます。そして、数字が必要になってきます。

学校に行って遊んでいたら、そこでチャイムが鳴ります。そうすれば、9時までに1年2組の教室に入らないといけないのです。

もちろん入学してから先生は何回も、ここが1年2組で時計がここを指したら授業

です、と教えてくれます。先生もいじわるではありません。でも、児童30名に対してひとりしかいない先生は、すべての命令、指示を日本語と数字で言います。「出席番号15番の近藤君、教科書23ページを読んでください」と言われ、授業が始まるのです。

23ページと言われて、きちんとニジュウ・サンと読むのは、実はとても難しいことです。ニ・サンと別々に読む子もいますし、サンジュウ・ニと右から読む子もいます。そして、その23ページが32ページと違うことがきちんとわかるには、やはり練習がいるのです。すぐにマスターできる領域ではありません。

ぜひとも幼稚園・保育園時代から、数字に慣れさせてあげてください。

1から100までの数字、そして数え方、カレンダーや時計、基本的な数の世界は園児時代にこそ、ゆっくり3年間かけて伝えてあげてほしいのです。

就学前に数字が好きになった子は、まず算数が嫌いになりませんよ。

遊びを通して、感覚的に理解する

算数は体系的な教科で、最初につまずくと、学年を追うごとにどんどんわからなくなります。

低学年のうちはなんとか暗記で乗りきれても、中学年、高学年になるうちに問題が複雑になるので、ここで「算数は苦手」と思ってしまう子は、スタートがよくなかった可能性があります。

やはり小学校入学前には、**数を数えることと、数字を読めるようになること**、このふたつの算数の土台をつくっておくと、とても心強いですね。

また、図形センスも身につけておけると、百人力です。

とはいえ、いわゆるドリルなどでのお勉強は必須ではありません。

これからお伝えするような、毎日の生活でできる遊びを楽しむだけで十分です。

お菓子を使った問題やサイコロ遊び、すごろくにトランプにパズルにブロックなど、幼児でも楽しめる遊びは、算数の力が育ちます。

そうして「6＋6」といった計算ができるようになったくらいで、やっとペーパーワークに取りかかるのがちょうどいいと思います。

ことあるごとに、いろんなものを数える習慣

100まで言えても、数えられない子は多い

まずは「1」を見てイチと言えること。「10」を見てジュウと言えることが重要です。「7」をみせてナナ、「8」をみせてハチ。まず数字を読む練習から始めてください。

前にも書きましたが、私の園では階段に数字を書いて、階段を上り下りするたびに、イチ、ニ、サンと言ってもらっています。文字や記号は読めることが第一です。

次に数えること。「これいくつ」という質問が最適です。

お菓子の箱をあけて、「このおまんじゅういくつ入っているかな」と聞いてください。

それをイチ、ニ、サン……と数えて、ジュウあると言えたら大合格。

たまに、お母さんがうちの子は100まで言えます、と言ってくれるのですが、**いざ数を数え始めると、ものをひとつずつ数えないで数字を言ってみたり、数を飛ばして急にジュウゴ、ジュウハチ、サンジュウと言ったりします。**

これは幼児期には多い現象で、100まで言えることと、きちんとものを数えられることとは別物なのです。

ものを数えるとき、一つ一つのものの数唱と数が一致することを、専門用語で**「一対一対応」**ができる・できないと言います。

これができて、初めてきちんとものが数

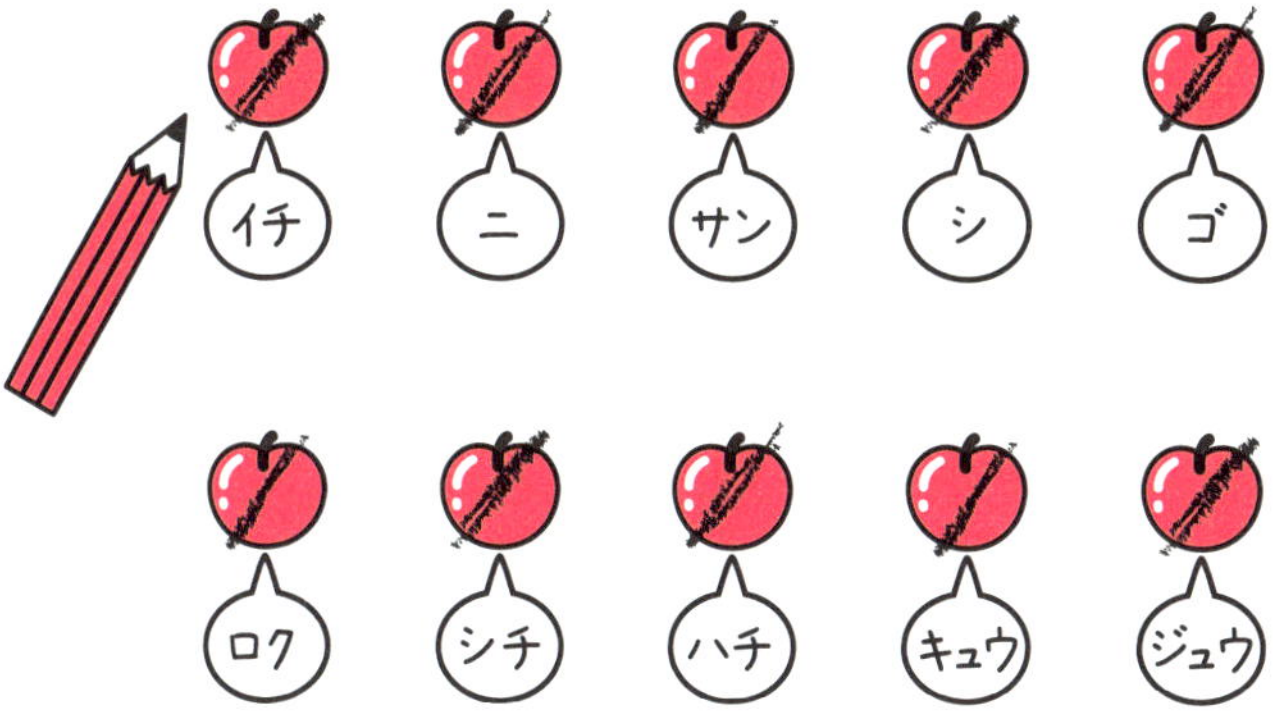

「一対一対応」とは

えられていると言えるのです。

たとえば、プリントにリンゴが10個書いてあって、それを数えます。ひとつずつ線で消していく、それが一対一対応の意味です。

これを線で消さず指でたどれたら、ちゃんとここは数えたという記憶力も育っている証拠です。

数を数えるというのは簡単なことに見えますが、実はこのようにとても高度なことなのです。

「イチ」「ニ」とひとつずつ移動させる

では、幼児期のうちに、一対一対応を理解して「数える」ようになるには、どうすればいいのでしょうか。

一番いいのは、数を数えるときに、物を移動させることです。

たとえばお菓子のクッキーやアメを食べるとき、「1…、2…、3…」と数えなが

ら、ひとつずつ自分の器に入れていく。

そうすれば、「数えたのか、数えていないのかわからなくなった」ということはなくなります。

こうして「一対一対応」を理解し、数の概念をきちんと理解していれば、足し算や引き算は練習次第ですぐできるようになります。

2個のアメと、3個のアメをくっつけて、「全部で何個?」などと答えさせるのです。「2+3」と数字だけでやらせようとすると、数の概念がわからず、暗記だけで答えるようになり、答えが10を超える計算になるとつまずいてしまいます。

まずは実際のものを使っての計算練習が、本当に重要なのです。この土台の上に算数力が乗ってきます。

おやつや買い物は計算を覚える絶好の機会

多いほうを食べる、ピザを4等分する…

数を数える練習には、やはりお菓子が一番です。

お菓子を皿に入れて、「いくつある？」と聞いたり、たくさんのお菓子から、「今日は7つとっていいよ」と言ったりすれば、子どもは夢中になるでしょう。

小学校入学前なら、10前後の数の一対一対応がわかれば十分。15くらいまで数えられたら、数の概念はしっかり頭に入っているので、それ以上はムリに教えなくても大丈夫です。

また、お菓子を一列に並べて、**「右から3番目を食べよう」**とか、**「右から5つまで**

食べていいよ」と言うのもいいですね。

「ママは3つ、あなたは2つ。合わせると何個？」と聞けば、足し算になります。

1年生の2学期には引き算が始まり、ここでつまずく子どもはとても多いのですが、お菓子を使えば引き算の感覚も養えます。

「ママは3つ、あなたは2つ、**違いはいくつ？**」と聞くといいでしょう。小さいうちは、「多いほうを食べていいよ」と言うだけでもOK。

お菓子ではないですが、食事中にミニトマトを食べて、残ったヘタを見ながら「最初に5個あったよね、ヘタが2個残っているから、何個食べたんだろう？」などと、

さりげなく会話に入れてもいいですね。
難しい言葉は使わず、引き算が好きになる言い方をするのがコツです。

ケーキやピザを切るのは何気ないことに思えますが、実は難しい分割の問題です。「4つに分けてね」と言って子どもがちゃんと切れたら、それは4等分の意味がわかっているということ。たいしたものです。

こういったことは、紙に書いた絵では理解できません。**自分の手でさわって実感するからこそ、身につく**のです。

「100円で好きなものを買っていいよ」

算数の土台をつくるのに、買い物に一緒に行くのはとてもいいことです。

その際、「500円出しておつりは200円」などと、切りがいいと子どもにわかりやすいのですが、最近は消費税などもあり、複雑すぎますね。

あるご家庭では、こんな工夫をしたそうです。

子どもがどうしてもソーセージが食べたいと言うので、「それなら安いのを選んで」と言ったお母さん。

２９９円のソーセージを見せて、「これより低いのを選ぶのよ」と言ったら、お子さんは見事、２５５円の値札のものを選びました。

たぶん、最初の数は「３」より低くないといけないから、２００円台のもの。

そして並びで「９」より低いものを探そう、と考えたのではないでしょうか。

「これより低いかどうか」がわかるのは、

日常生活においても大切な知育です。

こうして遊び感覚でやっていれば、たとえそれが百の位であろうと、なんとなく数の概念がわかってきます。

お菓子がほしいといったら、「100円までならいいよ」と言えば、必死で探すでしょう。

同じように、自動販売機でお金を入れさせたり、外食先で子どもに注文をさせたり、子どもが楽しんでできることは、何でもさせるといいですね。

注文するには記憶力も必要ですし、人とのやり取りも身につきます。

生活の中で、そんな体験をいっぱいさせることが大切です。親御さんが意識して、声をかけていただければと思います。

サイコロはたくさんの種類をストック

すごろく遊びでみるみる数字が得意に

遊びながら数字に慣れるということでは、サイコロが大変オススメです。サイコロを使う遊びと言えば、すごろく。サイコロを振って駒を進めるだけの、シンプルなものがベストです。

手軽に手書きでつくれます。市販のものだと、取り札があったりで幼児には複雑なものが多いのです。

大きいA3くらいの紙に、次ページのようなマス目さえ書けばそれでOK。「おやすみ」や「3つもどる」などのマス目を入れて、変化をつけてあげてください。

インターネット上に、無料でダウンロードできるすごろくもあります。それなどはシンプルにできているので、探してみるといいでしょう。

サイコロで3が出れば3つ進める。ここでもきちんと一対一対応の要領が習得できます。

何度もくり返すうちに、目の数を数えなくても、瞬時に「5！」と言えるようになるでしょう。そうなったら、たいしたものです。

サイコロを2個使ったら、3と5が出たら8進めるといったように、足し算の練習もできます。

サイコロの目を見ただけで「5！」と言えるようになった子どもでも、サイコロが2個になったとたん、また「1…、2…、3…、4…、

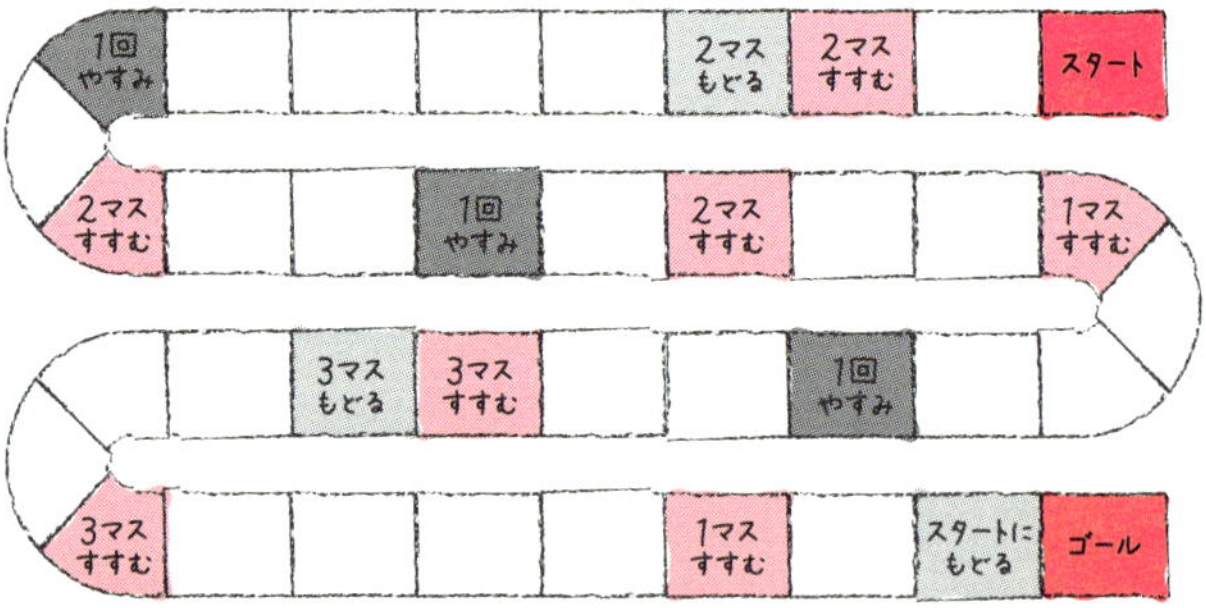

手書きのすごろく

5…」「6…7…」と、目の数をひとつずつ数え始めます。

そんなときは、

「あなたもう、これが『5』ってわかっているんでしょう？　だったら『5』って言って、もうひとつのサイコロを『6…、7…』と数えたらいいんじゃない？」

と手助けしましょう。

慣れてくると、2つのサイコロを見ただけで、「5と3、ああ8か」と暗記でわかります。そうすれば、1の位同士の足し算はすぐできるようになります。

2個使えば足し算もできてしまう

いろいろな種類のサイコロを用意して、「今日はどれでやる？」と楽しく誘うといいですね。

お子さんの成長に合わせて、ドットサイコロを増やす、数字サイコロを使う、ドットと数字サイコロを組み合わせる……など、いつまでも使えます。

いろんな種類、大きさのサイコロがたくさんあると楽しい

もっと大きくなったら、10面体や20面体サイコロを用意してもいいでしょう。

足し算も引き算も、元から得意な子なんていません。

とにかくくり返して、暗算に慣れることです。

足し算と同じように、引き算もサイコロを使って練習できます。

2個のサイコロを振って、大きい数から小さい数を引いた答えを言うのです。

引き算は違いを求める計算なので、2個のサイコロの違いがよくわかるように、青と白など、違う色のサイコロを用意するといいですね。

こうやって何度もサイコロを振って遊ぶうちに、足し算や引き算の計算能力や、暗記力がみるみる上がります。

将来的には、サイコロ遊びで掛け算の練習もできるようになります。

数字を学べる「ネタ」は日常にまだまだある

毎日カレンダーを読んであげよう

生活の中で身近な数字として、カレンダーがあります。

カレンダーには1から30までの数字が書かれています。1の次は2であり、10から11、12……と続いて20とくることが、一目でわかります。これは数の習得に非常に役立ちます。

毎日、日付を「今日は10月5日、月曜日」と読んであげてください。**子どもに今日の日付をマジックで消させるのもいいでしょう。**

もちろん、最初のうちは今日が何月何日で何曜日かなど、まるでわかりません。子どもにとって、日にちや時間の概念というのはとても難しいものなのです。

けれども、毎日「今日は5日だよ」とくり返していくことで、少しずつ時間感覚が身についていきます。これは時計についても同様です。

行事を書き込んで、その日までの日数を数えるようにするのもオススメです。たとえば、10月15日のところに「おいもほり」と書き込みます。「15日はおいもほり」という楽しみがあれば、**「あと何日」という期待がわき、自然に数字や日にちの概念を覚えていきます。**

最初のうちは、「明日？」と毎日聞かれるかもしれませんが、カレンダーを見

る習慣がつけば、そのうちに「今は10日でここだから、あと1…2…、5日！」とわかるようになるでしょう。

カレンダー以外に、車のナンバーや、駐車場の地面に書いてある数字を読むのもいいでしょう。

「1221」の車のナンバーを読んだ後、「数字を全部合わせると、いくつになるでしょう」と計算をする遊びもオススメです。

そろばんはやっておいたほうがいい？

そろばんができる人は頭が良いと言われます。

「そろばんが頭の中に入っている」という人たちがいます。実際のそろばんを使わなくても、頭の中でそろばんを弾き、掛け算や割り算まで暗算してしまうのです。これはすごい能力だと思います。

ただ、そこまでになるには相当な練習が必要です。そろばん教室に週3回くらいは通うことになるでしょう。とにかく飽きずに続けなければなりません。

「頭の中に入る」までは、そろばんという道具がなくなると難しい計算はできません。試験にそろばんを持っていくわけにはいきませんから、それならば筆算の練習をしたほうがいいでしょう。

もちろん、計算に慣れるということで、そろばんにふれるのはとても良いことです。ただ、級や段をとるほどのレベルになるには、本気で取り組まなければならないことは知っておいてください。

トランプなどのカードゲームはすばらしい知育教材

1から10までのカードで七並べを

遊びながら算数の土台が身につく教材はたくさんあります。先述のサイコロがとっかかりとしては最適ですが、トランプやＵＮＯなどのカードゲームも絶対オススメです。

ＵＮＯは数字と色の区別をして、反対回りなどの記号が出てくる多種類のカードで構成されています。その複雑さから、観察力も身につくはずです。４、５歳になれば、すぐにルールを覚えられます。

トランプは、ぜひ七並べを。１から10のカードを使います（11以降の絵カードは小学校以降からでいいです)。

これで遊ぶと、本当に1から10までの数がよくわかります。

また、ハートの7のカードなら、7の数字とハートのマークも7つ書いてあります。まず数を数えるときにも使ってください。

親子3人での七並べで、自分はハートの9を持っているとき、**「誰かハートの8を出してくれないかなあ」と予想ができたら、本当に数がわかっている証拠**です。

またある男の子は、姉の影響で5歳くらいから「スピード」にはまったそうです。1から13まで、あるいは逆に13から1まで順番にカードを置いていくゲームです。これは絶対瞬発力が身につくはずです。

「負ける」経験も大切

ババ抜きも数字の勉強になります。何と言っても、勝った、負けた、悔しい……そんな体験も重要です。人生は勝ってばかりではありませんから……。

とくに女の子は、負けることに弱いものです。

女の子は人間関係のなかで生きています。周りを気にする気持ちが大きく、人と競争することに慣れていません。

そのため、友達に仲間はずれをされたり無視されたりすると、とたんに弱くなりがちです。


人との争いごとに慣れるためにも、勝負事はとても大切です。

ゲームにしてもかけっこにしても、やはりお父さんお母さんが強いのです。何回も負けたら、負けても平気になります。

とはいえ、負けてばかりでは、やる気も自信も失ってしまいます。そこは親御さんの方で上手に調整して、ときに勝つ、ときに負けるとバランスをとってください。

神経衰弱で「短期記憶」の力が育つ

トランプでぜひしてほしいのは、「神経衰弱」です。記憶力をおおいに鍛えてくれる遊びです。

数をきちんと数えるためには記憶力も必要と書きましたが、国語力・算数力をつくる元になる能力が、記憶力とも言えます。

子どもに一番必要な能力かもしれません。言葉を覚えるのもこの力です。


このときも、11以降の絵カードは使わず、1から10までのカードにします。

めくったカードが何なのかを覚える、これをくり返すごとに記憶力がついてきます。この力はその子の一生を支えます。


これは「短期記憶」の力です。その場で覚え、すぐに忘れてしまう記憶力ですが、

それもとても大切なものです。すぐに電話番号を覚えるのはこの能力です。

小学1年生になると、5つくらいの数字を覚える能力が身につきます。

7、9、5、2、4。こう子どもに言って、それをそのまま言えたら、5ケタの数の短期記憶が完成しているという証拠です。その練習もしてみてください。

なお、神経衰弱用のカードもたくさん市販されています。いろんな絵柄が描いてあって、とてもカラフルです。ぜひ使ってみてください。

図形センスはパズルやブロック遊びで鍛えられる

カレンダーの自作パズルがオススメ

計算は得意だけれど、図形が苦手という人がいます。

「サイコロができる展開図はどれでしょう？」といった問題が出ると、とたんにわからなくなるのです。


小学校でも、こうした図形や展開図の問題はよく出ます。

1枚の絵があって、パーツがひとつなくなっている。正しいものを次の3つのパーツから選びなさい、というようなものです。

これは、ジグソーパズルが大好きな子どもなら、簡単に解けるでしょう。

パズルは市販のものでもいいですが、カレンダーを切ってつくってもいいですね。**マグネットシートに貼りつければ、冷蔵庫に貼って楽しめます。**

だんだんとパーツを増やし、難しくしていくといいでしょう。

カレンダーの数字がきちんとつなげられたら、たいしたものです。

立体感覚や空間認識力というのは、とても大切な力です。けれども、紙の上でだけ考えていても、なかなかわかりません。

昔の子どもは紙飛行機やプラモデルなどをつくることによって、「ここを切ったらこうなる」「説明書のこの絵は、実際のプ

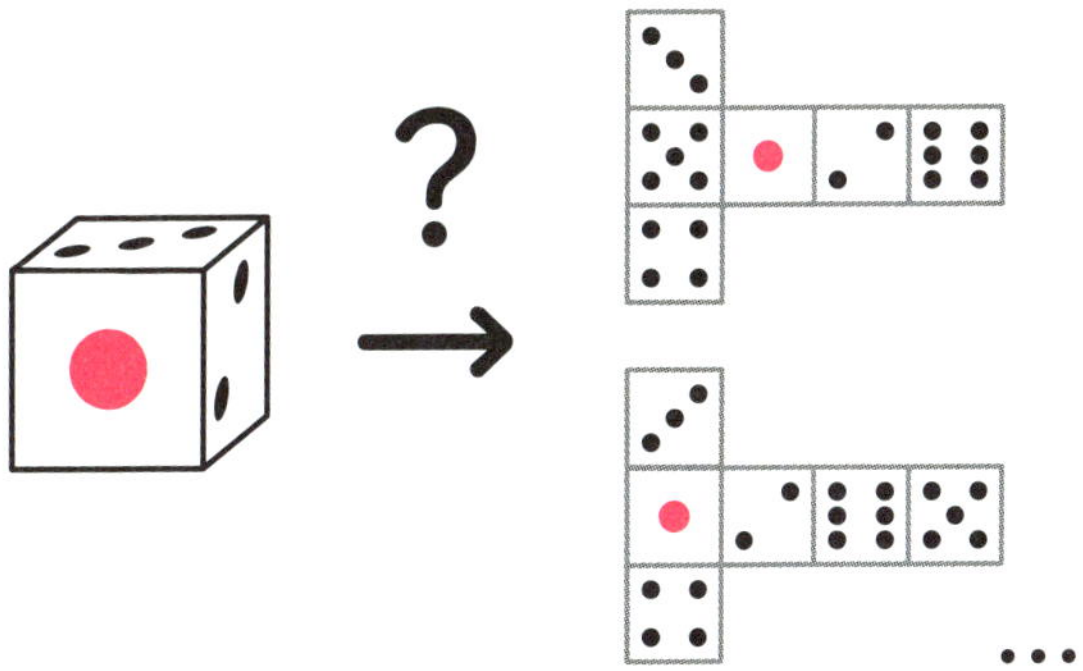

サイコロの展開図を考える

ラモデルのこの部分だ」などと、感覚的に理解し、誰かに教えられなくても自然に立体感覚や空間認識力が育っていました。

これらの力を育てるには、「体験する」のが一番なのです。

展開図を理解するには、折り紙をしたり、牛乳パックを切り開いたりするのがいいでしょう。サイコロの問題も、自分でサイコロをつくってみることが、理解するための一番の方法です。

立体のものをつくる体験をたっぷりと

小学校の授業で図形を教えるときには、裏に磁石がついた三角や四角の教材を黒板に貼って教えます。「三角と三角をこう並べると四角になる」「こうすると大きな三角になる」といった具合です。これに似た玩具で**「タングラム」**というパズルがあります。

『NEW たんぐらむ』（くもん出版）

いろいろな種類があるので、お子さんの興味に合わせて選んでください。

立体感覚を養うのに、ぜひオススメしたいのが**ブロック**遊びです。

とくに男の子はブロックが大好きで、動物や飛行機、船などの立体物をよくつくります。

「こっちから見るとこうなる」などと予想して、実際に手を使って組み立てるのは、すばらしい知育です。

ブロック遊びをたくさんしているお子さんは、たとえば屋根がナナメになっている家を上から見たらどうなるか、と聞かれたら、瞬時に「四角になる」と答えられるでしょう。

頭の中で、家をくるくる回して見ることができているのです。

女の子は立体づくりが苦手な子は多いかもしれません。レゴやブロックを男の子だけの遊びにせず、女の子にもぜひ買ってあげてください。

立体を組み立てるのは、創造する力に必ずつながると私は考えています。

お母さんの料理を手伝い、自分でチャーハンや卵焼きをつくるというのも、もちろん創造力につながります。

けれども、粘土で何かつくる、箱の工作で大きなサイコロをつくる、何でもかまいません。ぜひ立体のものをつくらせてみてほしいと思います。

第4章

「身体の基礎」をつくる

「手」と「足」を上手に使えるようになりたい

身体を動かすことで頭も動く

身体を動かさないと、脳も動きません。

過去の偉人や天才たちも、歩きながらひらめくことが多かったのではないでしょうか。

プロ野球の選手も守備中やバッターボックスに立っているときは、よく見ると常に身体を動かしながらボールを待っています。ぼーっとしていたら、ものすごいスピードで来るボールに脳が反応できなくなってしまうのです。

人間はやはり動物、つまり動く物なのです。じっと立って何もしないままだと、すべてが硬直して、脳は確実に働かなくなります。

そう言うとすぐに、「やはり早くから運動をさせたほうがいいのか」「スイミングがいいのか」と考える親御さんが多いのですが、幼児期は発達的に筋肉がたくさんつく時期ではないので、そんなにスポーツはしなくていいのです。

ただ、動くことはとても大切。

ボール遊びをするのもいいし、歩くだけでもいいです。

とにかく身体を動かしながら遊んでいるだけで、この時期に必要な筋肉と体力がつきます。

幼児期に行いたい体育（運動）というのは、小学校で行うような体育の授業やスポーツではなく、文字どおり「体を育む」ということです。

将来スポーツが上手にできるようになるための土台づくりとして、丈夫で元気な身体をつくること、そして脳を働かせることを一番に考えてください。

身体は手と足が基本

走る、泳ぐ、投げる、蹴る……**どのスポーツを見ても、手足をたくさん動かします。**手や足を上手に使えるようになれば、運動ができるのはもちろん、脳も活発に働くようになります。

日本人は細かい作業が得意だったり、お箸を自在に扱ったり、手先が器用ですね。字を書くにしても、微妙な手指のコントロール力や、握力が必要です。

小学校ではとにかく書く作業が増えますが、幼児のうちに遊びながら自然に手指の器用さと握力を身につけておけば、ムリなく対応できます。字もていねいに、きれいに書くことができるでしょう。

手指だけでなく、足の指の器用さも大切です。

最近は下半身が弱い日本人が増えているそうですが、とくに足の指は、昔に比べて不器用になっているのではないでしょうか。

昔の人はたぶん、足の指で、いろいろなものをつかめたでしょう。

子どもは家の中を裸足で動き回っていたし、外に出るときも下駄や草履を履く文化だったので、足の裏や指先が鍛えられていたと思います。

靴下と靴を履くようになった現代では、足の指を動かすことはほとんどありません。

大人だって、足の指でじゃんけんをするのは難しいでしょう。

でも、この頃に足の指でじゃんけんして、足の指を動かしてほしいのです。

手と足の握手（手の指と足の指を交互に入れる）をすると、足の指を広げる運動になります。

こんな遊びで、よく動く手先になる

あやとりや折り紙、じゃんけんも

手先を器用に動かせるようになるために、特別な訓練は必要ありません。サイコロを振る、迷路や絵を描く、工作でハサミを使う、ひもを通す、あやとり、ブロック、折り紙、囲碁や将棋……。こんな遊びをするだけで、手先が器用になり、脳が活発に働きます。

親子でこんな遊びをするのもオススメです。

指きりげんまんは、普通は小指同士をからませますが、親指を除くそれ以外の指でも試しましょう。指同士をしっかりとからませて、引っ張ります。

また、人差し指を1本立てる「1」から、両手をパーにする「10」までを順番につくりましょう。

『10人のインディアン』などを歌いながら遊ぶといいですね。10までできたら1に戻ったり、違う手から始めたり、アレンジしながら遊びましょう。

両手を開いて机に置き、「人差し指！」などと言ったら、その指だけを動かす遊びもぜひやってみてください。

親指は簡単ですが、中指や薬指になると難しいでしょう。

慣れてきたら、机に手を置かず、空中でやってみると、さらに難しくなります。

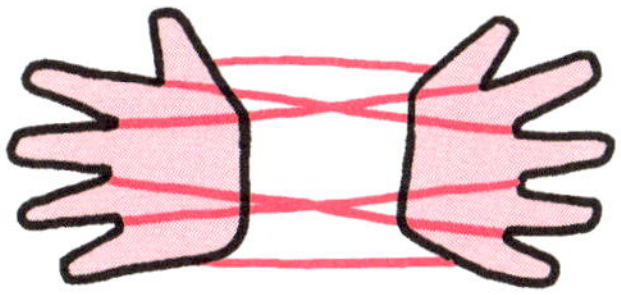

くり返すことで、指先と脳を結ぶ神経のつながりが強くなります。

また、単純ですがじゃんけんもオススメです。

親がわざとグーやパーを出して、子どもにパーやチョキを出させるようにしましょう。じゃんけんを覚えたての頃は、子どもはグーばかり出してしまうのです。


手先はある日急に器用になるものではなく、個人の手の大きさや発達の違いによるので、成長に合わせてゆっくりとつきあってください。

また、**握力を鍛えるには、お父さんの腕にぶら下がったり、鉄棒にぶら下がったり、ジャングルジムをしたりする**だけで十分です。

洗濯バサミでつまむ、ひもを結ぶ…

手で食事をすることも、手先の力を育てます。

ときには食事におにぎりやサンドイッチを出したり、**おやつに親指と人差し指でつまめる小さなお菓子を出したりする**といいですね。

もちろん、お箸の練習も大切です。
食事のときにあれこれ言うよりも、子どもが大好きなお菓子を、「お箸で食べてごらん」と遊びの延長でうながすと、挑戦するかもしれません。

水道の蛇口をひねったり、ペットボトルやびんのふたを開けたりすることも、手指のコントロール力や握力を育てます。

コツをつかむには、とにかく何度も経験することです。

お手伝いも手指を動かす練習になります。

洗濯物の角を合わせてたたむことには、折り紙と同じ効果があります。

洗濯バサミで洗濯物をつまむのもいいですね。

ひもを結んだり、お弁当箱をハンカチで包んだりするのも、大切なことです。ちょうちょう結びはまだ難しいので、まずはかた結びから。

これも「ひねる」と同じで、まずは子どもの前でひもを結ぶのを見せながら、「これが『結ぶ』だよ」と言葉で伝えます。

教えるときは向かい合わせではなく、横に並んで同じ動作をしましょう。

くり返せばきっとできるようになります。

こんな遊びで、よく動く足になる

いっぱい歩き、走ろう

よく歩くことは、身体づくりにもっとも必要なことです。
しかし最近の人はひと昔前に比べて、歩く回数が格段に減っています。
園の毎日の送迎が大変なのは本当によくわかりますが、可能なかぎり車や自転車を使わず、親子で歩くだけで、足腰はずいぶん鍛えられます。

お出かけのときも、車ではなく電車やバスを使って、歩いたり階段を上り下りしたりする機会をつくっていただけたらと思います。

園では、園庭を駆け回ったり、散歩に行ったりという時間をなるべくつくっていますが、ご家庭でも意識することで、お子さんの足がよく動くようになるでしょう。

走ることも、足腰を鍛えます。**走るための型は年長から小学校低学年の間に身につく**と言われているので、入学前から準備をしておくといいでしょう。

まずは体重移動のコツをつかむことですが、これにはケンケンが有効です。

利き足から始めて、慣れてきたら反対の足でケンケンしましょう。

上手にできるようになったら、足のつま先でケンケンをします。両足ともにつま先のケンケンで5m進めるようになったら十分です。

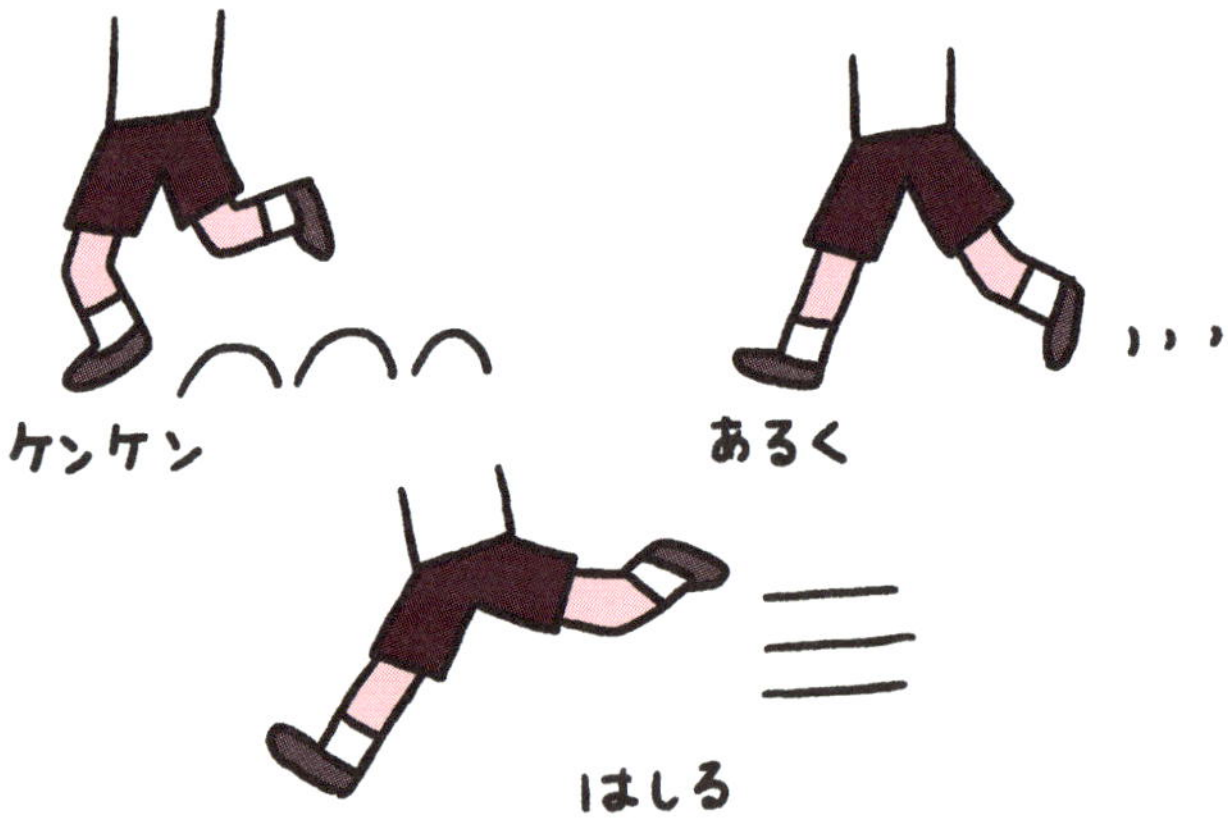

走るときは、足で地面を押すようにすると速く走れますが、この感覚をつかむのは難しいことです。足が地面についているときに、「『グイッグイッ』と声を出してみてね」と促しましょう。地面をグイッと押す感覚です。

前傾姿勢で走るのも上手に走るコツです。10～20m先の地面を見ながら走るように伝えましょう。膝は上に上げるのではなく、前へ出すようなイメージです。最後に、手の振りも大切です。ひじは90度にして、前に出すのではなく、力を抜いて下へ押すように振ります。

型を知って上手に走ることは、速く走れるようになる以前に、足腰を鍛え、身体づくりに役立ちます。

ぜひ楽しみながら取り組んでください。

なわとびで足腰が強くなる

幼稚園や保育園では大なわとびを取り入れていますが、足を鍛えるためには、ご家庭でもすることをオススメします。

まだ、ひとりなわとびができなくても大丈夫。

そもそも、**大なわとびを跳べないと、ひとりなわとびはできません。**だからこそ、親が手伝って一緒に遊ぶことが大切なのです。

まずは**「大波小波」**。左右に揺れる縄にひっかからないように跳びます。

慣れてきたら縄をくるっと回しますが、最初は入るタイミングがわからず時間がかかるでしょう。

しかし、一度タイミングをつかめると、何度でもできるようになります。通り抜けだって簡単です。

大なわで跳ぶことができたら、ぜひやってほしいのが、**ひとり用の縄を回す練習**です。

一方の手に縄の両端を持って、くるくると回します。その後は次の手です。

利き手だと簡単なのですが、利き手でないほうの手でやるとなかなか難しいのです。

いくら跳ぶのが上手でも、縄を回すのが下手だとうまく跳べません。とくに二重跳びは、縄を2倍速く回さないといけないのです。

このことは意外に親御さんも知らないので、ぜひなわとびを2本買って、一緒に練習してください。

回すときは、手首は回さず、縄だけを回

します。

上手な人は腕がほとんど動いていなくて、手が微妙に上下しているだけです。

そうなってはじめて、二重跳びができるようになります。

それくらい上手に回せるようになるには、やはり練習なのです。

家にたくさんの種類のボールを

手と足を同時に鍛えてくれるもの

身体をつくるのに、スイミングなどの全身運動もいいのですが、家でやるなら絶対にボール遊びがオススメです。

目標に向かって上手にボールを投げるには、手指や手首のコントロール力が必要です。そのためには、何十回、何百回、何千回と練習しなければなりません。

それを親子で遊びながら、楽しくできるといいですね。

とにかく投げるのが好きな子なら、**あちこちに投げないように、的をつくってあげてください**。喜んで遊ぶうちにコントロール力がつくでしょう。

ボールを受けるのも、最初は怖がって目を閉じ、うまくキャッチできないかもしれません。ですが、慣れてくるとちゃんと受けとめられるようになって、それが自信になります。

ですから、できるかぎり親子でドッジボールをしてほしいなと思います。

自分で投げて、受けて、的（人）に当てて……ドッジボールが上手な子は頭も良いと思います。

ボールを床につくことも簡単そうに見えますが、けっこう難しいことです。

子どもにボールをつくことを教えると、ボールに近づきすぎて、体が低くなってしまいます。

ボールを追いかけようとしてしまうのですね。そうするとボールが戻ってくるのが早くなって、つくのが難しくなります。

ボールをつくのが上手な子は、体を起こしたまま、ボールが戻ってくるのを待って、手で上手に押さえられるのです。

これが上手にできるようになるには、8歳くらいまでかかると思います。

があるかどうかよりも、結局は練習なのです。

ボールに親しんでおくと、将来の球技に強くなる

サッカー、野球、バスケットボール……小学校の体育の授業やクラブのスポーツには、必ず球技が関わってきます。

しかし、小学校に入ってからいきなりボールにふれても、うまくできません。

ボールというのは、小さい頃から慣れ親しんでいたほうがいいのです。

ブラジルの子どもたちは、小さい頃から道端でボールを蹴ってサッカーを自然に覚えると言いますが、そういう世界だと思います。

毎日ボールにさわることが大切。

そうするうちに、ボールの扱いがうまくなっていくのです。

ボールの種類は、多ければ多いほどいいですね。

大きいボール、ドッジボール用のボール、やわらかいボール、それこそピンポン玉

でもいいです。100円ショップで売っているようなゴムボールでもかまいません。家の中なら、ふわふわのボールでもいいですね。

ゴム製でやわらかいトゲトゲがついているボールがありますが、転がりすぎず、小さい子どもの手でも滑らずに持ちやすくて、オススメです。

片手で持てるような小さなものから、両手で持つ大きなものまで、いろいろなボールを用意して、毎日「今日はどれにする？」と聞きながら、楽しく遊んでください。

体操教室に行かなくてもできる、家の中での体育

短時間でも毎日することが大切

5、6歳児向けの体操教室では、マット運動や跳び箱、鉄棒などを教えてくれます。

跳び箱では、5段か6段を跳ぶそうです。つまり、小学校の体育の授業でやるようなことを、入学前に習っているのです。

もちろん、お金と時間に余裕があって、子どもが楽しく通えるならいいでしょう。

しかし、**普段はまったく運動しないのに、週に1回だけ通っていても、そんなに上達はしません。**

やはり練習の積み重ねが大切です。

小さいうちは脳と体の回路がスムーズにつながっていないので、体が脳の指示通りにうまく動きません。

何度も同じことを練習することしか、回路をつなげる方法はないのです。

園でも年長クラスになれば、マット運動、跳び箱、平均台、鉄棒などはひと通り教えてくれます。

毎日これをやっていれば、十分だと思います。

跳び箱や平均台をおうちでやることはできませんが、「体を育てる」体育のために、ムリなく毎日家でできることはたくさんあります。

ソファからジャンプ、相撲をとる…

家でできる体育は、本当に単純な遊びばかりです。

大人の腕にぶら下がる遊びは握力がつきますし、ソファや押し入れの下に布団を置いてジャンプするのは、足腰が鍛えられます。

「お父さんのぼり」もいいですね。

親子で向かい合い、両手を持って親の身体を登り、上まで来たらクルンと後ろ回りをします。

手の力、足の力が鍛えられるうえに、逆上がりの練習にもなります。

布団の上で相撲を取ったり、プロレス遊びをしたりと、身体全体を使う遊びは身体が鍛えられるし、柔軟になります。

小学校入学前の子どもなら、これくらいの運動量で十分です。

ある男の子は両親とともに相撲好きで、家でもよくまねをしていたそうです。

親も最初はわざと負けたり力を抜いたり

していたのですが、6歳頃からは、母親がかなり本気で取っても負けることがあるくらい、力が強くなったとか。

大人と互角の相撲が取れるようになったら、たいしたものです。

最近の子どもは下半身が弱く、**上半身を鍛えるのに比べて下半身を鍛えるのは難しいのですが、相撲をすれば足腰が強くなります。**

相撲の四股《しこ》は身体がやわらかくないとできず、腰を降ろした体勢を維持するのが大変で、やってみると大人でも息が上がります。

親子で四股を踏む遊びをしてもいいですね。

園でも和式にかがむことができずに、かがむと後ろに倒れる子が多くなっています。これも普段の運動不足が原因です。そうならないように、ぜひ日頃からこうした遊びを取り入れてみてください。

いわゆるスポーツ競技は小学校からで大丈夫

まだ筋肉も力も追いついていない

身体と脳はつながっているので、サッカーでも水泳でも、スポーツはまずある程度身体がつくられていないと、運動神経も上手に働きません。

たとえば親がスキーの選手で、子どもをどうしてもスキー選手にしたい、と思うのなら、幼児期から始めるといいでしょう。親の遺伝や持って生まれたセンス、親の上手な教え方などがあれば、トップを目指して上達すると思います。

しかしそうでなければ、幼児期にムリにスポーツをさせる必要はありません。

慣れ親しむという意味ではもちろんかまいませんが、身体がまだできていない、筋肉もそんなについていない時期から、たとえばスキーのボーゲンを教えても、なかなかうまくはいきません。

幼児期にボーゲンを覚えるのに1ヵ月かかるとしたら、小学2年生では1週間くらいですむと思います。

スポーツなどの習い事は、すべて網羅できるわけではありません。

両親で相談して、「これは習わせよう」「これはパスしよう」「これは小学校に入ってからでいいかな」などと決めること。プラス本人のやりたい気持ちがあるかどうかです。

何度も言いますが、小さいうちは身体を鍛えるにしても、遊びの中の世界です。

スポーツの習い事にしても、**遊びの延長で、楽しいから通う**のです。

本格的に始めるのは、子どもに筋肉がつき出して、本人が「本当にやりたい」と言い出す小学校からでいいと思います。

自転車は乗れたほうがいい？

最近は、小学校入学前に自転車に乗れるようになる子どもが多いですね。ペダルのない練習用の自転車が普及したことも大きいと思います。

でも、**「ほかの子はみんな乗れているのに」と焦る必要はありません。**

ある女の子は、補助輪を外した初めての練習で父親のスパルタを受け、泣きながら「もう自転車は乗らない！」と宣言したそうです。

1年近くそっとしておいたのですが、今度は母親が、「こがなくていいよ。手で自転車を押すだけでいいよ」などと伝えて、なんとか自転車にふれられるようになり、徐々に親しみがわいてきて、そこからはたった1週間で乗れるようになりました。

その母親も子どものとき同じ経験があり、なんと小学1年生から4年生まで自転車にふれなかったのですが、5年生になってこわごわ乗ってみると、すぐに乗れたそうです。

ちなみにその母親のおばあさんも、60歳を過ぎて初めて自転車に乗れるようになったとか。

つまり、自転車は誰でも最終的には乗れるようになるのです。

たいてい一度は、「もういやだな」というブランクがあるでしょうが、ムリに乗らせなくても、自分でまた急に思いついて、乗るようになります。

スパルタよりも、とにかく**楽しく自転車にふれる**ことが大切です。

「自然で遊ぶ」も小学校から。今は公園で十分です

木登りをするにも技術がいる

「自然で遊ぶ」というのは、とくに都会に住む大人にとっては憧れで、まるで幻想のようなものになりつつあります。

そこでわざわざ車に乗って遠く郊外のアスレチック場に行ったり、田舎に行ったりして、また車で帰ってくるのですが、そこまでしなくても、小さいうちは近くの公園に歩いて行って、走り回ったりボール遊びをしたりするだけで十分です。

小学生くらいになって、体力や筋肉がつき、近くの公園ではありあまるようになったら、遠くに遊びに行けばいいのです。

自然豊かな地方では、さぞかし子どもたちは元気に野山を駆け回っているのだろうと思う方も多いようですが、これもまったくの幻想。

今の子どもは都会も地方も同じで、昔のように外遊びをしません。

むしろ地方は車社会で、ちょっとした移動にも車を使い、都会の子の方がよく歩いているほどです。

木登りの大切さもよく言われることですが、最近は公園の木も「登ってはいけません」といった看板が立っていて、簡単に木登りができる環境がありません。

そのため、幼児期からボルダリングを

習わせる親御さんもいるようです。

確かに木登りは体力だけでなく、次にどの枝をつかもうか……という技術も必要なので、脳にも良いと思います。

とはいえ、木登りがすぐにできる環境でないならば、幼児期のうちに何としてもさせないと、ということはありません。

それよりも、毎日公園で存分に身体を動かすほうが、体力づくりに役立ちます。

ボーイスカウトについて

自然で遊ばせたいけれど、近くにそういう環境がないから、ボーイスカウトなどの集団生活に入れる……というご家庭もあります。

自然にふれられるかどうかは、個々の内容によるのでわかりませんが、奉仕活動やごみ拾いをしたり、行動規範を覚えたり、ひもの結び方を知ったり、自分たちで協力して自炊したりというのは、とてもいいことだと思います。

ただこれも、幼児期のうちにムリに行かせることはありません。

親から離れて生活をすることは、子どもの自立のためにとても良いと思いますが、**年に1回、1泊のキャンプに行かせるくらいでいい**のでは、と思います。**毎週拘束されてしまうと、いやになる子どももいるでしょう。**

習い事と同じで、ボーイスカウトなども小学生くらいになって自分から興味を持ち出し、体力もついてきてからでいいと思います。

家遊びが好きな子ほど、意識的に外に連れ出したい

放っておくと動きが足りなくなる

とくに女の子に見られることですが、家の中で遊ぶのが好きだったり、身体を動かすのがあまり好きではない子は、じっとしていることが多いので、できれば大人が積極的に運動遊びに誘ってほしいと思います。

とはいえ、外で野球やサッカーをするというのではなく、とにかく公園などにしょっちゅう連れ出すことです。

子どもが興味を持つことを探り、「今日はこれしようか?」と飽きさせないようにすること、無理強いはせず、楽しく遊ぶことが大切です。

鬼ごっこやかくれんぼでもかまいません。

また、親自身があまり身体を動かすのが好きではない場合は、何度も言うように幼児期では特別なスポーツや運動をする必要はないので、せめておうちで相撲ごっこをしてもらえれば、と思います。

小学校くらいになってスポーツを始めるようになったら、親の出番です。

しかし、親が運動嫌いだったり、逆に自分が運動できる分、子どもを教えているとイライラしてしまうようならば、習い事に行くほうがいいかもしれません。

「しなやかさ」を身につけたい

体を動かすと、脳の回路がつながり、頭がよく働くようになると言いましたが、男の子の多くはよく動くので、何もしなくてもある意味心配はありません。

とはいえ、とにかく動いていれば運動ができるようになるかというと、少し違います。

なわとびでも、走りでも、踊りでも、上手な子は動きがしなやかです。フォームがきれいで、ムダがありません。

ボクシング選手のなわとびを見ていると、本人はほとんど動いていないように見えるのに、驚異的な回数を跳んでいます。

しなやかさ、というのは大切だと思います。

大切なのは、良いお手本を見ること。

そして練習を続けていれば、しなやかな動きを身につけることができるでしょう。

第5章

「好奇心の芽」を育てる

好奇心＝意欲。意欲のある子は大きく伸びる

「知りたい」「やってみたい」が原動力に

「知りたい」「もっとやりたい」という好奇心は、子どもが行動するための意欲そのものです。

子どもはその意欲を原動力にして、新しいことに挑戦します。これは将来にわたって大切な力です。

親御さんは、「子どもの好奇心を引き出すために、何かをしてあげたい」とよく言いますが、もともと子どもは好奇心の固まりです。

あれもこれも知りたくて、やってみたくて、いつもうずうずしています。

それなのに、**「大人になったらわかるわよ」「それは危ないからだめ」などと、せっかく生まれた好奇心をしぼませるような言動**をとっていないでしょうか？

「好奇心を引き出したい」と、ことさらに思わなくても、自然に生まれています。

親御さんに言いたいのは、逆に子どもの好奇心を妨げないでほしいということです。

興味の幅と深みを広げてあげたい

子どもの好奇心は自然に生まれますが、その興味を広げたり深めたりできるかは、親御さんにかかっています。

ところが、われわれ大人は、散歩しながらただ単に「お花が咲いてるね」と言ったり、子どもに「これなあに？」と聞かれて「虫だよ」と言ったりするだけです。

本当は、花の名前や虫の名前を教えないと、興味は広がらず、知識も深まりません。

「おしろいばなが咲いているね。ほら、この黒いのが種だよ。こうやってつぶすと、白い粉が出てくるでしょう。お化粧するときのおしろいに似ているから、『おしろいばな』って言うんだよ」

などと伝えれば、子どもの中にたくさんの言葉がインプットされて、ますます好奇心が引き出され、知識も深まります。

親が花の名前や虫の名前を知らなくても大丈夫です。

正直に「ママも名前は知らないんだ」と言ってください。

そのうえで、**「帰ったら一緒に調べようね」**と言えばいいのです。子どもは「ママも知らないことあるんだね」くらいにしか思いません。

知識が増えた分、考える力がつく

教えるものは、なんでもいいのです。

それこそ「あれは電線って言ってね。おうちの電気はあそこから流れてくるんだよ」など、親御さんが知っていることを伝えればＯＫです。

「私はあまり知識がないから……」と思わなくてかまいません。

そもそも何十年も生きている親御さんは、子どもにとっては何でも知っているスーパー物知りです。

せっかく毎日親子で会話をしているのだから、その内容をぜひ豊富なものにして、お子さんの好奇心を深めてください。

男の子は自分から「これ何？」と積極的に聞く傾向がありますが、女の子の場合は、「今日は幼稚園でこんなことがあって……」というような会話が多く、質問は少ないかもしれません。

子どもから聞かれなくてもこちらから、「あ、ここにおしろいばなが咲いているよ」と話の糸口をつくるといいですね。

「やがて知ること」でも、今からどんどん教えたい

買い物や散歩中にこんな会話を

買い物やお出かけのときには、実物を見せながら「これは○○だよ」と、ものの名前を教えることが大切です。

面倒でも、そうすることで子どもの知識が増えます。

また、目についたものの名前を、「これなーんだ?」と、ことあるごとに子どもに聞きましょう。「りんごだよ」「なす!」などと答えて、当たっていたら「ピンポン!」と、ゲーム感覚で行います。

子どもがどれくらいものを知っているかのチェックになるでしょう。スーパーの野

菜をほとんど答えられたら、たいしたものです。

答えられなくても大丈夫。

それは単に知らないだけなので、しっかりと何度も教えてあげればいいのです。

こうして家の中のものや、スーパーや道端にあるいろいろなものを覚えられたら、もはやドリルなどをしなくても、何でも知っているということになりますね。

上下左右、東西南北を感覚でつかむ

幼児のうちから、上下左右や東西南北などの言葉や概念、方向感覚を身につけておくことは大切です。

いまやGPSやカーナビのおかげで、地図を読めなくてもどこへでも行けるようになりましたが、やはりそういうものに頼らない自然な感覚はもっておきたいですね。


方向感覚や空間認識力を育てるには、普段から自分が今いる場所の上下や左右を見

回す習慣をつけることです。

ただ前を見て歩いているだけだと、「今立っているのは、スーパーの入り口から見てこの辺だな」とか、「家からこれだけ歩いたから、駅はもうすぐだな」などという感覚が生まれません。

スーパーで買い物をしながら、「お肉を売っている棚はどこかな？」「牛乳を取ってきてくれる？」などとお願いしましょう。「ここは野菜が並んでいるから、その角を左に曲がるとお肉だな」「牛乳はたしか、出口の近くだな」などと考え、周りを見る習慣がつくでしょう。

「○○はどこにある?」「次はどっちに曲がる?」

また、外出のときに、子どもの目につくもの、たとえば山がどちらにあるかを質問したり、「いつものお風呂屋さんの煙突はどこかな?」などと探しっこしたりしてもいいですね。

駅やデパートでは、出口やトイレの表示板を見つけて、それに沿って目的地にたどりつけるかどうか、というゲームをしましょう。

ちょっとしたことですが、こうした経験は方向感覚を養うのに役立ちます。

上下の感覚は早くに身につきますが、左右の感覚は難しいもの。

車でドライブに行っても、「次の信号は右へ曲がります」とか、「次は左です」と教えてあげてください。帰り道、「次はどっちに曲がるでしょう」と質問もしてみてください。

家の近くなら、かなり覚えているはずです。

動物園や博物館、旅行…いろいろなところに行こう

積極的に社会を見せる

幼児期のうちから少しずつ、一般常識や社会のルールを教えていきたいですが、そのためには絵本やドリルよりも、まず本物の社会を見せることが一番です。

小学生になるとひとりで通学しなければならないので、まずは交通ルールや標識を知ることが大切です。

信号機のこと、「止まれ」の標識、白線の内側を歩くことなど、一緒に歩きながら教えたり、「あの標識はなーんだ？」などとクイズを出したりして、楽しく覚えられるといいですね。

遠出をするときは、車よりも、電車やバスなどを積極的に利用するほうが、社会のしくみやルールを知るのに役立つでしょう。
親が切符を買ったり、改札を通ったりするときの様子を見せましょう。
バスに乗るときや降りるとき、公共機関でのルールは、何度も経験することで、知識となって身につきます。

郵便局や市役所に用事があるときは、できるだけ一緒に連れて行って、建物や、働いている人の仕事や、そこでのやり取りを見せましょう。

社会が自分の生活にどう関わっているのか、どういう場所に、どんな人が、どんな姿で働いているのか、子ども自身の目で見る機会をつくるのです。

そうした経験が社会への興味を高め、子どもの知識を増やしていくでしょう。

自然や動物への興味を高める

小学校受験では、「この4つの絵を春夏秋冬の順番に並べなさい」「卵で生まれる動物と赤ちゃんで生まれる動物に分けなさい」などといった、理科的な問題が出ることがあります。

本書は小学校受験をすすめるものではありませんが、その問題は非常に参考になります。日常どれだけ自然や世の中に関心を持っているか、自分で物事を考えられるか、その子の本質的な能力を問う問題だからです。

その点で、**小学校受験を対象にしたワークやパズルなどの教材も、利用してみる価値あり**です。受験をしない子にとっても大切な知識と思考力を授けてくれます。

さて、その際、もちろんドリルなどをくり返して暗記することもできますが、本物を見て覚えるのが一番なのは言うまでもありません。

「これはひまわりと言って、花びらが黄色くて……」といった情報を知る以上に、自然や動物に興味を持ち、感動できることが大切です。

そうなるには、まず親御さん自身が興味を持ち、感動することです。

ある母親は虫が大の苦手だったのですが、娘が虫を見ただけで「こわい」と言うのを見て、まずは自分が先入観をぬぐわなければと、だんごむしの絵本を借りて読みました。

そこで、だんごむしが脱皮しながら徐々に大きくなること、その殻を自分で食べてしまうことなどを知り、その不思議さにすっかり感心したそうです。

娘に「だんごむしってね……」と話をしているうちに、徐々に娘さんも虫に対して恐怖心よりも好奇心が出てきて、一緒にじっと観察できるまでになったそうです。

生きものを飼って興味を持たせてもいいですし、動物園、植物園、博物館、プラネタリウム……いろいろなところへ親子で出かけて、一緒に驚き、感動できるといいですね。

家の中を「学びの空間」にする方法

見知った場所を地図で探す

家の外でしか好奇心は育たないと思っている親御さんが多いのですが、家の中でできることもたくさんあります。たとえば地図を貼っておくこともそのひとつです。

ひらがなで地名が書いてあるシンプルな地図を買って、リビングなど、すぐに見られるところに貼っておきましょう。

「私たちが今いるところは、『とうきょう』って言うんだよ」などと言って、その地名に印をつけるといいですね。そこから、「おばあちゃんの家は『おおさか』。このあいだ旅行に行ったのは『やまなし』」などと言いながら、地図の場所を示したり、印をつけたりしましょう。

本を読んだり、テレビを見たりしたときに出てきた地名があれば、一緒に地図を見て探すのもいいですね。

また、世の中の出来事、ニュース的なことを少しずつ教えるのもいいと思います。

テレビを見ていて、子どもが「○○ってなあに？」「○○ってだれ？」と聞いてきたら、可能な範囲で教えてあげましょう。

難しい説明や、長い説明になると聞いてくれないので、「イギリスっていう国の王様だよ」「偉い人だよ」などといった答え方で十分です。

あるご家庭では、リビングに地球儀を置

き、ニュースなどで外国の地名が出てくるたび、「ブラジルはどこかな?」などと子どもと一緒に探すそうです。

「日本からだと、すごく遠いね」「船で行ったら、途中でハワイに寄れちゃうね」などと会話が広がります。

ところで、子どもはテレビが大好きですね。親子で一緒にニュースを見るのも、とても良いことですし、アニメなど好きな番組は大いに見せてあげてください。

ただし、放っておいたら何でも何時間でも見てしまいます。親がきちんとコントロールするのが大切です。もう消すと決めたら必ず守ってください。

だらだらと食事中もつけっぱなしということは、くれぐれもないように。

図鑑は幼児期から与えたい

図鑑は小学校になってから、と考える親御さんが多いのですが、別に調べものをしなくても、ただ眺めているだけで、図鑑はすばらしい知識になります。

ある男の子は4歳くらいから動物の図鑑を飽きずに毎日見ていて、時々母親も知らないような動物の名前を言い、「○○はこうやってアリを食べるんだよ」などと言って驚かせたそうです。

動物園で動物を見たり、散歩中に花や虫を見たりしたときも、帰ってから図鑑を見て同じものを発見すると、子どもはとても喜びます。

実際に見たものを、家に帰ってから再度写真や絵で見て特徴を知ると、記憶がさらに深まるでしょう。

とはいえ、張り切って図鑑を全冊そろえる必要はありません。**子どもが興味のある分野から、1冊ずつ買い足していくので十分です。**

そしてお子さんが好きな分野があれば、その分野の図鑑を何種類か買ってあげて、見比べるのもいいですね。

音楽センスを磨くにはピアノを習うのが必須？

「絶対音感」について

「絶対音感をつけるために」と、小さい頃からピアノやバイオリンを習わせる親御さんも多いようです。ただ、音楽において絶対音感がなければならないものかどうか、はっきりとはしていないようです。

絶対音感があると、微妙なノイズが気になって仕方なくなる、などといった情報もあるので、良いか悪いかは、ご家庭での判断になると思います。

たしかに、ピアノは早いうちから習うのが大切と言われますが、手の大きさ、動きが十分でない幼児にはなかなか難しいものです。「将来は音楽系の大学に行かせて、芸術家にする！」と決めている、トップレベルを目指すご家庭でないのなら、小学生になってから始めても遅くはないのではと思います。

幼稚園や保育園では歌を歌ったり、楽器を演奏したり、リズム体操をしたりと、ひと通り音楽にふれる体験をさせています。

これだけでも十分ではないかと思います。

ご家庭では、CDを聴いたり、コンサートに連れて行ったりして、美しい音楽を聴かせるだけでも、音楽的センスは磨かれると思います。

まずはおもちゃの楽器でいい

お子さんを音楽系の習い事に通わせるかどうかは、お子さんが音楽に興味を持っているかどうかで判断してほしいと思います。

おもちゃのピアノを楽しんでいたらピアノの体験教室に連れて行き、そこで子どもが笑顔になっていれば習い始める。

幼稚園のリズム体操でいつも楽しそうに踊っているなら、その曲を先生に聞いて家でも流してみる。

家でも楽しそうに踊っているなら、教室に連れて行ってみるなど、いつでもお子さんの表情を読み取りながら、子ども中心に考えてもらえるといいですね。


楽器に触れさせるためには「最初からきちんとした楽器を買って、本物の音を聴かせないと」と、いきなり高級な楽器を買うのは早計だと思います。

ピアノでも太鼓でも、最初はおもちゃで十分。

写真のような**「ピアノえほん」がオススメ**です。2千円ほどで買えます。曲がたくさん入っており、鍵盤の音もしっかり出て、とてもよくできています。

それで夢中になっていれば、将来的に本物を買うのもいいでしょう。

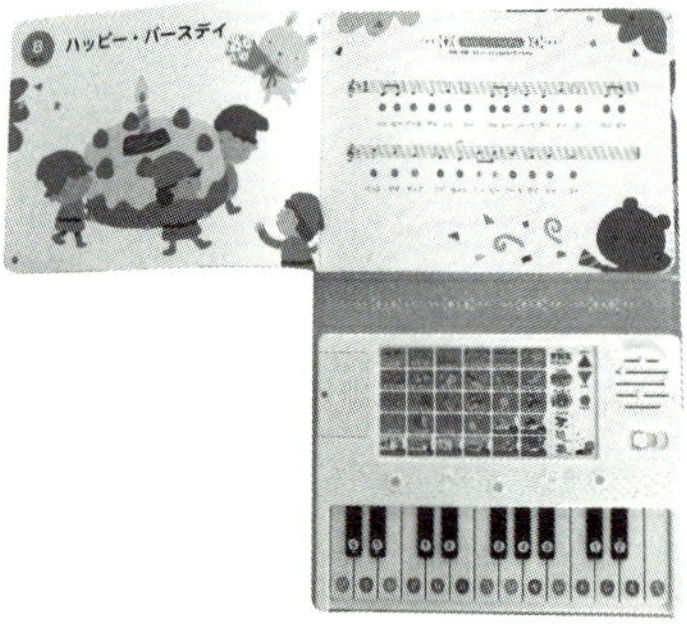

『だいすきピアノえほん』（ベネッセ）

第6章

入学前に身につけたい「良い」習慣

園と小学校で決定的に違うこと

全部ひとりでしなければいけない

いまは親御さんが園の送迎をしたり、ご飯を食べさせたり、ある程度の準備をしたりしているでしょう。園に行ってからも先生がいろいろとお世話をしてくれます。

しかし、小学校に入学すると生活が一変します。

ひとりで通学し、学校に着いたら自分で上履きに履き替え、準備をして、時計を見て先生が来る前に席に着きます。

授業が終わったら、トイレに行くなり水を飲むなり、自分で判断して、チャイムがなったらまた教室に戻ります。

誰も「トイレは大丈夫ですか」「もう教室に入ってください」とは言ってくれません。

先生も、「もう小学生なんだから、自分のことは自分でしなさい」と言います。

4月になったとたんに、自分で考えて動くことを求められるのです。

先生も、園の先生と違って厳しいです。

小学校では、先生の言うことは絶対です。

園の先生は、多少悪いことをしても優しいですが、小学校の先生は真剣に叱らないと、クラス全員の統制がとれません。

友達が「立ってなさい！」などと叱られると、まるで自分が言われたように緊張します。列をはみ出したら、「ちゃんと並びなさい！」と叱られ、トイレに行きたくても、こわくて口に出せません。

3月までは親御さんや先生にたっぷり甘えていたお子さんが、4月になると、こんな世界を目の当たりにするのです。

スムーズに適応するため、半年かけて準備を

親御さんは「いよいよ小学校だね」「がんばってね」「大丈夫かな」などと、期待や不安の言葉を知らず知らず子どもにかけています。

あるご家庭でこんな話がありました。

甘えん坊で、何でも「やってやって」と言う息子さん。

小学校入学まであと1ヵ月くらいのところで、親御さんは急に焦りだし、「もう自分でやりなさい」と突き放しますが、そうするとかえって子どもは甘えてくる。

そんな様子を見て、両親で「本当に小学生になれるの？」「こんなので大丈夫かしら」と事あるごとに言っていたそうです。

本人はケロッとしていたので、親の不安が伝わっていないと思っていたら、なんと入学式前夜に熱を出し、当日は欠席。

病院に行っても原因不明で、しかも学校に行かなくていいとわかったとたん、熱は

下がったそうです。

翌日からは登校しましたが、時間割の準備などを「手伝おうか」と言うと、「いいの！ママはあっちに行ってて！」「自分でやらなきゃいけないの！」と言いながら、うまくできなくて混乱し、号泣する日々が1週間も続いたそうです。

入学前後の子どもは、実はとてもナイーブです。

いきなり「自分で考えて動きなさい！」と親からも先生からも言われて、とても戸惑います。

だからこそ入学のせめて半年前には、自立に向けてゆっくりと準備できるよう、親御さんに心づもりをしてほしいのです。

自分で身の回りのことをする習慣

着替えも片づけも手を出さずに見守る

小学生になると自分で考えて動くことが必要になります。そのことを親御さんが早くから気づいて、準備してあげてほしいと思います。

今は、あまりにも何もかもをやってあげていないでしょうか。

それで小学校から突然「自分でやりなさい」では、子どもは混乱します。

子どもがひとりで行動するというのは、とても難しいことなのです。

できれば年長の夏休みくらいから準備を始め、半年以上かけて、子どもが自分で考えて動くくせをつけましょう。

たとえば「ご飯ですよ」と声をかけて、もしも遊びに夢中になって食卓に来なかったら、**「3回言って来なかったら、捨てちゃうよ」**と言います。

それでも来なかったら、一度本当に捨てるべきです。

一食くらい食べなくても大丈夫だと、親も腹をくくりましょう。子どもが泣いても、こちらの本気度を見せるべきです。

着替えのときも、親御さんはまず自分が着替え終わってから子どもの着替えを手伝っていると思いますが、考え方を変えて、一緒に着替えましょう。

子どもと親の服をそれぞれ並べ、親がシャツを着たら、子どもにもまねをさせる。

次に親がズボンをはいたら、また子どもにまねをさせます。

お風呂、歯みがき、片づけも、すべて同じ要領で進めましょう。

親御さんが先に全部やってしまってはいけません。

親のまねをする習慣をつくり、くり返し練習することが、何でもひとりでできる子になるために必要です。

「お母さんなし」で過ごす経験を

子どもの自立のためにもうひとつしてほしいのが、「親がいなくても大丈夫」という自信をつけることです。

『はじめてのおつかい』というテレビ番組がありましたが、あれはとてもいいことですね。

年長くらいなら、安全に気をつけて試してもいい頃です。

母親から離れないお子さんなら、一晩母親が実家に帰るなどして、父親と子どもだけで過ごす夜をつくりましょう。

父親が嫌がるなら、「子どもの自立のためよ」と説得してください。

買い物にしても、父子で一晩過ごすにしても、「お母さんがいなくても、大丈夫だった！」という経験が、子どもにとって大きな自信になります。

それに、父親にも良い経験になります。園の時代は、お父さんの出番と言えば運動会ぐらいでした。けれども小学校からは、家での宿題や夏休みの課題を見てあげる、そして怒ることまで、いよいよ父親の力が必要になってくるのです。

母親なしで子どもと一晩過ごすのは、その予行練習になるでしょう。

園で1泊のお泊まり保育をするところがありますが、これもとても良い経験だと思います。ひとりでトイレに行って、着替えて、顔を洗って、歯をみがいて……、それをすべて自分で考えてできるようになったら、ちょっと大人になった気がするでしょう。

どんなに甘えん坊の子どもでも、自信を持ち、少したくましくなって帰ってくるはずですよ。

親や園の先生以外の大人と話す習慣

トイレに行きたくても言い出せない子

小学校では、「今の間にトイレに行ってきなさい」と言ってくれる人はいません。仮におもらしをしても、自分から言わないかぎり、ベトベトのままです。

あるお子さんは入学後、授業中に「トイレに行きたい」と言えず、少しもらしてしまいました。

本来なら先生に言って、自分で保健室に行ってパンツを借りないといけないのですが、そんなことも知らず、先生がこわくて言えません。

結局パンツをぬらしたまま帰ってきたそうです。親御さんもショックでしょうが、一番ショックなのは本人でしょう。

「授業の前に行っておくんだよ」「授業中でも本当に行きたくなったら、先生に言うんだよ」と何度も伝えたものの、1ヵ月くらいはなかなか実行できなかったようです。

給食も、園では「食べられなかったら最初に言ってね」と先生が言ってくれますが、小学校では自分から「おかずを少し減らしてください」などと言わないかぎり、誰も助けてくれません。

結果、食事が遅くなり、後片づけが始まってみんなが遊びに行っても、ひとりで残されることになります。

園では「ゆっくり食べなさい」と言われていたのが、小学校になると20分くらいで食べないといけません。

ですから、**食事の動作レベルを高める練習も必要**です。

家では必ずテレビを消して、家族でおしゃべりを楽しみつつ、ダラダラ食べにならないよう時間にも気をつけながら食事をしましょう。

とくに男の子に必要なこと

自分の要望を伝える以外に、小学校では先生の質問に答える会話力も必要になります。

とくにこれは、男の子において大切なことかもしれません。

女の子はもともと、コミュニケーション力が高いです。放っておいても、女の子同士でいっぱい会話をします。親や先生など大人とも同等にお話ができます。

「今日は園で何をしたの」と聞いても、「○○ちゃんと△△ちゃんと一緒に、おままごとしたの」「発表会の歌の練習したよ」などと、細かく報告してくれます。

一方、男の子は「今日は何したの」の質問に、毎日「ブロック」しか言わなかったりします。

友達同士で遊んでいても、それぞれが自分の世界をつくり、女の子のように「みんなでわいわい」という感じではありません。

男の子のコミュニケーション力を磨くには、お母さんに上手な聞き役になってほしいと思います。

たとえば、お友達とケンカしたという場合にも、ただ「何があったの」と聞くだけでは、「ケンカ」としか答えないでしょう。

誰と誰が何をしているときに、どうなってケンカが始まったのか、それでどうなったのか、**上手に質問して、答えを説明できる能力を養ってあげてください。**

時には、耳元でこそっと会話をしたり、糸電話をつくって電話形式でお話ししたりするのも、男の子が自分の気持ちを話すのに効果的です。

挨拶はまず親が先に言う

親や先生以外の大人と会話に慣れることも大切です。

園では女性の先生が多いのですが、小学校に入ると半分くらいは男性の先生です。緊張してまったく話ができないのでは、大変です。

親は子どもによく、「おはようございます、でしょ」「ほら、ありがとうは？」などと言います。

しかし子どもは慣れていない大人の前だと、とっさに挨拶や返事ができません。

こうした言葉がすっと出てくるようにするには、**親が手本を見せるのが一番効果的**です。

子どもがお手伝いをしたときに、親御さんが「ありがとう」を言っていますか？

食事の前にお箸を並べてくれた、新聞をとってくれた、ご飯をたくさん食べてくれた、そんなささいなことでも、必ず「ありがとう」と言ってください。

「ごめんなさい」も同じです。

逆に言えば、お子さんが挨拶や返事をしないのは、親御さんがあまり言っていないのかもしれません。


また、周りの人への挨拶も、親が率先して手本を見せましょう。

スーパーに行ったら、レジの人に「こんにちは」、支払いが終わったら「ありがとう」とはっきり言いましょう。

そのあと子どもにもまねをさせて、ちゃんと挨拶ができたら大いにほめます。

知らない人に挨拶できたというのは、子どもにとって大きな自信になるのです。


他人に挨拶ができるようになったら、次のステップです。

お店の人に「牛乳はどこにありますか」などとたずねさせましょう。とても緊張しますが、思いが相手に伝わり、牛乳を持ってこられたら、お見事です。

他人と会話ができると、将来社会に出て人間関係をつくる際にも大変役立ちます。

1日10分机に向かう習慣

じっと座ることに慣れておきたい

1年生になったばかりの子どもたちに、「一番つらいことは？」と聞くと、「ずっといすに座っていること」と答えます。

園では少々動き回っても叱られなかったのが、突然「45分間じっとしていなさい」と言われるのですから、それはつらいでしょう。

机に向かう習慣も、早くからつけてほしいですね。

別に勉強をする必要はありません。迷路遊び、サイコロ遊び、紙工作、ブロック……**いすに座ってできるものなら、遊びでいい**のです。

食卓の上で、「今日はブロックやろうか」「次は迷路をしようか」などと声をかけてください。

最初は10分程度でもかまいません。

集中して遊ぶと、座っていることを忘れて、気がつけば長い時間たっています。

親子で食卓を挟んで、神経衰弱や七並べなどのトランプ、オセロ、五目並べなどをするのもいいですね。

将棋の積み木崩しのように、集中力が必要な遊びもオススメです。

とにかくいすに座って相手を見ながら遊びましょう。ひとりで遊ぶデジタルゲームは、自分のペースでしか遊べないので効果はありません！

もしも姿勢が崩れ始めたら、手のひらで子どものお尻の上あたりから背骨を縦にこすって、背筋を伸ばしましょう。

足がぶらぶらすると集中できないので、足が床に届かない場合は、ダンボールやお風呂のいすなどを置くといいですね。

もちろん、親御さんも正しい姿勢の見本になってください。

勉強しなくても、迷路やパズルでいい

今まで毎日遊んでばかりだったのに、小学校に入ったら突然朝から何時間も学習をするのは、本当にきついと思います。

小学校の学習といえば、算数なら簡単な足し算、国語なら日記などを書きます。おまけに宿題もあります。

宿題は、毎日ひらがなの練習が出ます。同じ文字を何度も書かされます。

5月になるとそこに算数の宿題が加わったり、難しいひらがなになってきたり……。

本当にあっという間です。

とにかく、書く量がすごい。

国語にしても算数にしても、毎日が手の作業なのです。

ですから、手を動かす練習のためにドリルを利用するのはいいと思います。

難しい計算や書き取りのドリルではなく、パズルや点つなぎや迷路などのドリルで十分です。

真面目なお母さんは、「毎日食後に30分やりなさい」とか、「昨日できなかったから、今日は1時間やりましょう」とか、「このドリルを1冊全部終わらせなさい」などと意気込みますが、そんな必要はありません。

毎日やらなくても、気が向いたときだけでOKです。

ドリルの内容も、子どもによって「点つなぎは好きだけどパズルは嫌い」などと傾向があるので、苦手な問題は2題くらいできればOK。

1冊全部制覇しなくてもいいのです。

ドリルを5、6冊用意して、「今日はこれ」などと、子どもに選ばせ、とにかく楽しく取り組めるようにしましょう。

鉛筆とお箸を使いこなす習慣

鉛筆は絵を描くことから

小学校では、授業でも宿題でも、とにかく書くことを求められます。ですから幼児期のうちから少しずつ、鉛筆で書くことに慣れさせたほうがいいでしょう。

お箸の持ち方は気にしても、鉛筆の持ち方はあまり気にしない親御さんがいますが、実はお箸の持ち方は、まず上の箸を鉛筆持ちしてから下の箸を添えるので、先に鉛筆が持てるようになるほうがいいのです。

鉛筆でものを書く練習をするときに、いきなり小さな文字を書かせるのは難しいでしょう。

まずは大きな紙と3Bか4Bの濃い鉛筆を用意して、自由に線を描かせます。ぐしゃぐしゃ描きでかまいません。

それまでは太くて持ちやすいクレヨンやペンを使っていたのが、細い鉛筆になっただけで、難しくなります。

でも鉛筆の扱いに慣れてくると、動物や人間などを描くようになるでしょう。遊びの一環として、定期的に取り組ませてください。

絵が上手になって、文字に興味を持ち出したら、ひらがなやカタカナを見せながら書かせましょう。

遊びからスタートして、ゆっくりとステップアップしてください。

お箸の練習はお菓子でしょう

お箸は、子どもが興味を持つならば2歳くらいから与えてもいいくらいです。

4・5歳になると持てるようになっている子が多いと思います。ですが親御さんがお箸の持ち方を教えるときに、大きな間違いをしていることがあります。

まずお箸を渡すときは2本一緒に渡してはいけません。1本だけ渡して、「鉛筆持ちしてね」と言いましょう。

上手に鉛筆持ちで箸1本を動かすことができたら、もう1本の箸を、最初の箸の下にすっと差し込んであげます。

お箸というのは、下の1本はほとんど動かず、上の1本だけを上下に動かします。2本とも渡してしまうと、2本同時に動かそうとして、クロス持ちになってしまいます。

「上のお箸だけ動かせばいいのよ」と教えてあげれば、いわゆる「しつけ箸」などを使わなくても、お箸はすぐに上手になるでしょう。

もうひとつ、お箸の練習は食事中にしてはいけません。

親御さんとしては、食事はしっかり食べてほしいので、こぼしたり、時間がかかって量が食べられなかったりすると、イライラするでしょう。

子どもだって、「なんでできないの?」なんて言われると、お箸を持つのも、食事をするのもいやになってしまいます。

お箸の練習はおやつのときにしましょう。上手にできなかったら、「じゃあ、おやつやめようか」と言えばいいだけです。子どもはおやつがほしいので、必死で練習するでしょう。

ポテトチップスのような、薄いお菓子がいいですね。それを上手につまめるようになったら、食事でお箸を使ってください。

時計でだいたいの時間を知る習慣

本当に時間感覚がつくのは3年生くらい

子どもにとって、朝と夜の概念は、明るい／暗いという違いがあるのでわかりやすいのですが、朝・昼・夕方の概念はわかりにくいものです。

お昼ごはんを食べたのに朝ごはんだと思っていたり、夕方の5時なのに、明るいからお昼だと思っていたり。

ですから時間の概念なんて、全然わかりません。

「1時間経ったね」と言っても、**1時間がどれくらいなのか、言葉として聞いているだけで、体感としてはまったくわかっていない**のです。

楽しいことをしているときは、1時間があっという間に過ぎます。

でも退屈なときの1時間はとても長い。

大人は時計が読めるので、あっという間でも退屈でも、同じ1時間とわかりますが、子どもにはわかりません。


小学校に入ると、45分の授業と10分休みを何度もくり返します。

それによって言葉と体感がつながり、「45分というのはこういうもの」「10分はこれくらい」ということが、だいたいわかってくるのです。

本当に時間の概念がわかるまでには、小学3、4年生くらいまでかかるのではないでしょうか。

短針が読めればOK

時間の概念がなければ、時計などまったく理解できません。

でも小学校になれば、時計を見ながら行動することが増えるので、時計が読めないと苦労します。

時計は12進数なので子どもには難しく、昔は2年生から習う学校が多かったのですが、最近は1年生のうちに習うことも多いようです。

そのくらい、時計が読めないと学校生活が大変だということです。


時計を教えるのに、「最初はデジタル時計とアナログ時計、どちらを用意すればいいですか」とよく聞かれますが、**私はアナログ時計をオススメします。**

幼児のうちは、「何時」だけを理解できればいいのです。

デジタルだと「分」まで気になってしま

いますが、今はまだ、「何分」は考えないほうがいいでしょう。

アナログ時計を見て、長針が3の位置にあるから「15分だよ」と言っても、子どもは「3時だよ！」と言います。長針よりも、短針に注目させましょう。


時間を教えるときだけは、テレビの力を借りてもいいですね。

日曜日の朝は8時からテレビを見ていいことになっているご家庭では、子どもが必死に時計の針を見て、「長い針が9のところにきたよ」「12になったよ」と報告し、長針が12にきたとたん、テレビをつけて好きな番組を見るそうです。

同じように、**「朝ごはんは7時」「おやつは3時」などと、まずは「○○は何時」という概念から始める**といいでしょう。

おわりに

「3歳から6歳までは、頭と体が飛躍的に伸びる」

これは、1万2000人の子どもたちを見てきた私が、実感をもって言えることです。本当にこの時期の子どもたちは、与えられたことをスポンジのように吸収し、目に見えて成長していきます。

しかし、素直であるからこそ、ムリのある課題や興味のない勉強には見向きもしません。

大人だって、楽しくなければ長続きしません。子どもも「快」を感じるときに飛躍的に能力が伸びます。

子どもにとっての「快」、それはやはり「遊び」です。

この本で紹介している工夫は、すべて遊びの延長でできるものばかりです。子どもが少しでも「楽しくない」と思ったら、次の遊びに乗り換えればいいのです。

親が「我慢をさせるお勉強」ととらえると、子どもにも伝わってしまい、決して長続きしません。

子どもの興味は、ひとりひとり違います。

私が園長を務める祖川幼児教育センターでも、子どもたちを飽きさせない工夫をたくさん実践していますが、それでも、ひとりの先生がすべての子どものニーズにいつも完璧にこたえられるということはありません。

さらに言えることは、いくら私たちプロがお子さんに愛情を持って接していても、親御さんが子どもを思う気持ちや、親と子のきずなの深さには到底かなわないということです。

お子さんとの愛着がしっかりできている親御さんが、プロのノウハウを身につければ、まさに鬼に金棒です。

ただでさえ「快」を感じる遊びが、大好きな親御さんに一緒に遊んでもらうことで、さらに大きな「快」になり、力もぐんぐん伸びていくでしょう。

小学校入学前の伸び盛りの時期、ぜひとも愛情たっぷりにお子さんに接して、あなたにしかできない、すばらしい幼児教育をお子さんに与えてあげてください。

祖川泰治

〈著者紹介〉

祖川泰治（そがわ・たいじ）

◇―祖川幼児教育センター園長。1950年徳島市生まれ。慶應義塾大学を卒業後、鐘紡株式会社に入社し、繊維の営業職として12年間のサラリーマン生活を送る。
34歳のときに帰郷し、父親の興した「祖川幼児教育センター」を継ぐため、ゼロから幼児教育を学びに鳴門教育大学大学院 幼児教育コースに入学。

その後、園長となり、毎年約400人の園児を30年間に渡って指導。のべ1万2000人の中には、東大や京大など難関大学へ進んだ卒園生も多数。

◇―幼児教育におけるモットーは「楽しみこそが学ぶこと」。子どもは楽しみを原動力に成長する、と確信している。NPO法人「0歳からの教育」推進協議会理事、徳島市保育園協議会会長。

◇―著書に『失敗しない 育児のスゴワザ』（ワイヤーオレンジ）、『IQがみるみる伸びる0歳から6歳までの遊び方・育て方』（廣済堂出版）等がある。

小学校前の3年間にできること、してあげたいこと

2015年11月27日　第1刷発行
2025年4月6日　第10刷発行

著　者―――祖川泰治
発行者―――徳留慶太郎
発行所―――株式会社すばる舎
東京都豊島区東池袋3-9-7 東池袋織本ビル　〒170-0013
TEL　03-3981-8651（代表）　03-3981-0767（営業部）
振替　00140-7-116563
http://www.subarusya.jp/
印　刷―――中央精版印刷株式会社

落丁・乱丁本はお取り替えいたします

ISBN978-4-7991-0453-8